D0915929

All My Yesterdays Were Steps
The Selected Poems of Dora Teitelboim

edited and translated

by

Aaron Kramer

All My Yesterdays Were Steps
The Selected Poems of Dora Teitelboim

edited and translated
by
Aaron Kramer

illustrations
by
Stan Kaplan

The Dora Teitelboim Foundation
in association with
KTAV Publishing House, Inc.

Copyright © 1995
Dora Teitelboim Foundation

Library of Congress Cataloging-in-Publication Data

Teitelboim, Dora.
  [Poems. English & Yiddish. Selection]
    All my yesterdays were steps. The selected poems of Dora
  Teitelboim / edited and translated by Aaron Kramer
      p.   cm.
    ISBN 0-88125-463-0
    1. Teitelboim, Dora—Translations into English. I. Kramer,
  Aaron, 1921–   . II. Title. III. Selected Poems.
  PJ5129.T38A24   1995
  839'.0913—dc20   94–45688
                                                              CIP

Manufactured in the United States of America
KTAV Publishing House, 900 Jefferson Street, Hoboken NJ, 07030

In Memory of David Tiel

Contents

די באַלאַדע פון ליטל-ראָק

xi

Acknowledgments

Dora Teitelboim, a distinguished poet in her own right, sought to promote Jewish secular culture by helping lesser-known Jewish poets and writers to get published in Yiddish and English. At the same time she reached out to the lost generations of young Jews whose history, traditions, culture, and values had gone astray in the face of the bewildering changes in today's world. The Foundation established in her name is dedicated to carrying on Dora Teitelboim's legacy by translating and publishing the works of Jewish writers, scholars, and poets the world over and circulating them among Jewish cultural institutions, schools, organizations and the public at large. Its explicit goal is to open a new world to the young by strengthening Jewish secular thinking, by promoting the teaching of Yiddish and the training of teachers, and by preserving and distributing important Yiddish works never before translated into English.

The Dora Teitelboim Foundation would like to express its gratitude to the following people for their important contributions to this book:

Gerald Stillman, for his very helpful comments and suggestions.

Stan Kaplan, for his incredibly beautiful blockprints inspired by Dora's poems.

Jacob Shargel, for adding an historical dimension with his thought-provoking introduction.

Itche Goldberg, for his valuable suggestions that aided the Foundation in its first publishing endeavor.

Lee Weintraub, for her review and proofreading of the book.

And most importantly, Aaron Kramer, for selecting the poems and for his beautiful, sensitive, and creative interpretation of them. Aaron was the only poet Dora ever trusted to translate her poetry into English, and in this book he has proved once again that her trust was well deserved.

West Hempstead, NY
August 30, 1994

David Weintraub

Editor's Note

Readers well-versed in Yiddish will see at once that my translations do not follow the original with literal line-by-line accuracy. Laudable as that approach may be in terms of faithfully transmitting *content*, the results, more often than not, are disastrous as *poetry*. Instead, I seek equivalents, so that, passage by passage, the English version will transmit the vision, emotion, idea, image, tone and style of the original, and the total poem will capture, in its new language, as much of the music, architectural strength, and lyric grace as possible.

Additionally, in several cases there were inconsistencies in words or in the spelling of words in the original Yiddish poems from publisher to publisher. We decided to retain the original spellings in this collection; therefore the reader should take heed that any word inconsistencies are intentional, so as to remain true to her originally published works.

Poet of Rebellion and Lyricism

by Jacob Zvi Shargel

HER PORTRAIT

It was summer. 1971.

Dora Teitelboim, the Yiddish poet from Poland, from America, from France, came to behold and fathom the Jewish State which enthusiasts had established in Israel. She wished to test the possibility of finding refuge for herself—along with her ideals—and for her song, which was already rich with glory and with oblivion. She sat beside me on a bench facing the Tel-Aviv sea, peered into the spectacular image of the sunset, and—astounded by the vanishing strangeness—began speaking lyrically and revealed herself to me through that sparklingly sad magic utterance of hers, with her whole world-vision. I saw before me a poet to whom the wind itself speaks Yiddish, as she reports in one of her poems. Already then I attempted to draw her spiritual portrait. A portrait which she herself, in a moment of despair, had tried to deny; and indeed, in the first collection of her poems to be published in Israel (1973), *Song of the Quicksand Generation*, she writes:

> On a stream, snow-heaped and frozen,
> all my life
> I've done a portrait of my face.
> Drawn and erased
> the features and contours.
> Hoped to leave some trace
> along my path.
> I whittled the years
> like pencils, and composed.
> Then melted the snows.
> The stream swam down to the sea,
> and carried along the portrait of me.

xvii

Did the river really carry her portrait along and fling it into the sea? In the same book we discover a self-portrait, a bas-relief, clear and vivid:

> To the desert tree, my song,
> be you compared:
> no leafy crown of green
> nor any shade be seen,
> but roots stubborn and long
> to find the juices in the sand;
> by birds of prey
> plucked at and plundered,
> by typhoons
> bent, threshed, and cracked
> but unsurrendered.

So we see that this is a poet's deliberate path, a clearly marked path, which leads to the possibility of being "bent, threshed and cracked"—but unsurrendered! Here, without a doubt, we can see the poet's self-portrait.

FIERY SOCIAL MOTIFS

One of the most fundamental characteristics of our poet was her correlatedness. She wrote precisely as she spoke. The same attitudes and opinions she shared with groups and individuals she expressed in her verse. One can say that the chestnut-brown and copper-red glow of her hair was one with her resonant and fluttering flame-colored poems. By that time Dora Teitelboim had already produced five collections whose fiery social motifs brought her close to some readers and alienated her from others. Her sixth volume, issued in Warsaw in 1965, is titled *Toward Being Human*. In these pages one is arrested by a lyricism that sings and weeps joys and sorrows, hope and disappointment, above all love, the love which her tender, breaking figure, with her cosmopolitan elegance, expresses. In "My Faith" she declares:

> It was not God who sent me to you.
> Nor was I elevated by the Holy Ghost . . .

> I am a child
> of years-mountains overgrown with sin . . .

> But in my violated Temple with its knocked-out panes
> my faith roots deep, its living pulse remains.
> I shaped and sharpened it in ditches full of sorrow
> so that you won't be like me, man and woman of tomorrow.

From that point the poet runs dizzyingly forward, and with her metallic language, with the heat of her volcanic breath, she asks resoundingly: "Tell me, who am I?" and with a still mightier word-flow, with amazing and overwhelming images, attempts to answer the question herself.

> Long, pulverized nights with sticky black throats—
> dawns spotted with fiddles on shoulders—
> suns choked on flutes—
> pillows stuffed with cries—

> Oh my childhood, in black gnawed-through shawls
> with plucked-out, bloodied beards—

Till she exclaims:

> Oh my childhood, with split, dry lips,
> Why do you creep after me like a dog?
> Am I the dried bread from locked closets
> That awaited the knife?

In the Jewish State Dora Teitelboim built herself a nest, in which she nurtured her swallows—her idiosyncratic songs. In 1973 appeared the first of her books to be issued in Israel, with the odd name, *Song of the Quicksand Generation*; in the title-poem she meets a fictional hero whom she calls Vondragor. This book combines a caressing lyricism and a wondrously fine language with bell-like alarums which pour out of a lava-like vocabulary overflowing from a crater. She reprints here such earlier poems as "In a Steel Factory," "La Corida," "Every Shore Craves Rest," "A Peace Carnival," etc., in order to re-emphasize her fiery social motifs . . . to project ever more powerfully the sorrow and empathy which envelop her "social conscience," at the same time trying to rip them up, to rip them out of her as one rips apart a spiderweb.

NIGEN,* TIME, INHERITANCE

Dora Teitelboim's own physical voice is loud, is in the major key. This is also true of her literary "voice". It explains how captivating, how dizzying is the rush, the race, of her rebellious song. A restlessness that dwells in her verse, like the restlessness of a clock. The pulse of her line hammers and hurries, as if not to fall behind the running of the hour, of the day, of the whole twenty-four hour span. But if Time rules her creativity and places his seal upon it, along comes the dynamism of her turbulent nature to give her song its spirit and its life-serum. And as we read ourselves into her seething poetry, we see how yesterday, today and tomorrow stretch forth their arms to us, embrace us with their peculiar melody, and place us, along with the poet, at the gateway of the days. Precisely at this gate, precisely before the entrance to new days, the author cries out in various ways that:

> Not a bag of silver ducats,
> no antiques, no jewelled lockets,
> were my father's dying boon,
> but an obstinate old tune.

And she follows in the footsteps of this obstinate *nigen*. She shrieks—when shrieking is called for; weeps—when she must weep; and sings—when song resounds in her spirit. And when she succeeds, as she wakes from sleep, she feels it:

> I get up
> after each night's rest
> as if after a fray,

*Tune.

and take on
the new day,
and on my breast
like a gold medal
he hangs the sun.

No wonder that the poet with the gold medal on her breast, hung there by the new day, arrived in the fullness of time at the gateway of the days.

Dora Teitelboim possesses her own *nigen*. A *nigen* in which the major and minor keys run into one another. And if it is therefore difficult to classify, the poet comes and discloses to us that she inherited from her father her stubborn, unyielding *nigen*. And it is well known that only through stubbornness, refusal to yield, which comes from a belief, or from a superstitiousness, can one—in these days of ours—create in an unswerving direction. Time could only alter her face. Thus our poet sings new songs, but the *nigen* has not changed its sound, its resonance, its vibration and melodism. Her word, her themes, her motifs, became different, up-to-date, but not the *nigen*. Indeed, it did not adopt the "modern" recitative-music, nor did it become liturgically pious, as was the case with many songsmiths who once strode side by side with our poet. It remained hers. The same unyielding one which, as she says, she inherited from her father.

At the Gateway of the Days, her 1979 volume, flashes with a rich spirit, with ferment, with pathos, with *her* pathos. She expands the character of her lyric and introduces a new adagio of pastoral picturesqueness enveloped in a caressing melody. Yet here too she makes clear her unflagging concern for the fate of humanity, and even for the fate of her own songs, which she compares to sheep:

Like a shepherd with his sheep
in the throes of thunder,
with a flock of my own songs
through the world I wander.

And if she sees her songs as sheep, she can bemoan their fate elegiacally and meditate:

> Sheep mine, naked, sorrowful,
> the clouds of springtide are your wool
> that wander in the air.
> Shuddering chimney-fumes appal
> the lush green lawns of better days
> with a bitter fire-taste.
> In what pasture now, oh where,
> sheep mine, shall we graze?

We realize that she is merely asking. Because we soon see how she lifts herself up with the help of the broad-branched Biblical ashtree, the tree which Father Abraham planted in Beersheba and is the symbol of eternal defiance against the desert—I would say, of our unyielding resistance to the desert:

> From its branch
> I will carve a wand
> in the gray hour,
> and split the desert's heart
> so that a spurt of blue can start.

Indeed, the songs of Dora Teitelboim are winged with wings of vision and determination, but she does not want them to waft her away into a wild abstraction of words. Since the world has not yet been set free, her little street, the Jewish street, is also unfree. She begs King David of the Bible to teach her how a stone should be hurled, as *he* did once. Because Goliath still lives, with many names and faces . . . She leans on the Patriarchs of old, on her grandparents, on her parents, on her father, from whose obstinate *nigen* she draws her poetic nourishment, her creative force, her inheritance.

THE LUCK OF TRANSLATION

Dora Teitelboim was fortunate in her translators. She, who was privileged to cross the borders of the Yiddish world by being transplanted from Yiddish into Russian, into English, French, Vietnamese, Chinese, etc., was doubly honored when her first Israeli volume, *Song of the Quicksand Generation*, appeared in a Hebrew version by the masterpoet Abraham Schlonsky. The same work, translated by the renowned French poet Charles Dobzinski, aroused a tremendous response in the French literary world. A later volume, *Before Dawn*, also appeared in a well-received French version; its translator was Ratimir Pavlovich, a French poet of Slavic ancestry. A critic of M. A. Asturias' stature could rightly say that "Dora Teitelboim's poetry belongs to all people and all nations." Despite such success, however, the poet sent me the following letter from Noges, her home outside of Paris, in 1988: ". . . Here one no longer feels as in the past. I still follow with great interest the living film of the world. Parts of sunken ships swim belly-up in a storm . . . convulsions of a sick time. One must behold everything with the eyes of Time, and not with the eyes of a human being. History has a rhythm and a step different from ours, whose life is so short . . . I am now working steadily on Hershel's manuscripts, and occasionally on my poems. They crowd me like offspring and allow me no rest. I am almost entirely isolated here, converse with the trees in the woods. It seems to me that I am myself a tree, but not as fortunate, since they bloom afresh every spring and are ignorant of man's fate."

What had happened, Dora?

FAREWELL

On a Thursday—to be more exact, on the 23d of July, 1992, our unique poet, swarming with psalms and silences, with love and hate, in pain and suffering gave back to eternity a soul not yet sated with life. True, she stood already at the threshold of the heroes; but she did not feel, did not want to feel, the satiety of her completed years. On the contrary, she remained greedy and thirsty for continued physical living and for unceasing spiritual creativity. Her urge to create went hand in hand with her urge to live and love . . .

In 1991, a year before her passing, in a highly poetic new book, *Steps to Heights*, she issued a wrenching appeal to life.

> O life, open your gates
> and let me back into your kingdom,
> that I may drink from your source once more.
> Drive off the ravens
> that hover over me
> and await my fall.

Even in her very last poems that was her drive and her desire. Nor did she betray her second drive—her world-vision! But in the same volume we come upon these lines:

> I wanted to be good,
> prepared the honey
> like a bee
> for kith and kin.
> With my blood
> I drew
> the picture of a rose,
> but someone mixed the false
> in with the true
> and out of her a serpent crawls.

So she blames herself, when she declares that "someone mixed the false in with the true, and out of her a serpent crawls." But in the same book, *Steps to Heights*, she offers us superb poems which overflow with love, with declarations of love, and with tender, stirring expressions of grief to her husband, the recently deceased Dr. Hershel Meyer. In classic Yiddish lyrics she opens this volume with an elegy, "Come!"

> Come my darling, come.
> Hold me tight, more tight in your embrace.
> There's no death, no death.
> I have shorn away his shadow,
> and we take the path
> from street to street

we took so often.
I alone,
my love, my own,
am now your coffin.

Dora Teitelboim, praised and honored by famous world-poets such as M. A. Asturias, Pierre Seghers, Pablo Neruda, and others, is immersed in both worlds: the rebellious, where insubordination, protest, anger and hate are demonstrated boldly and openly, and the lyrical, from which rises the fragrance of her songs, of love, of folkishness, of sorrow and faith.

The great Hebrew poet Abraham Shlonsky truly understood and valued the nature of her life and work, and at the end of his translation of her book *Before Dawn* he wrote: "Her lyrics are rich with Jewish sorrow and with human faith. Her versification derives from the sounds of the *nigen*, from the wings of her imagination, and from the colors of her style . . ."

And so our poet, who grew up in hunger and in strife, in storm and in love, climbed the steps to the heights, until that Thursday "before dawn" when she left everything behind like loaded ships on a savage sea—and departed from us.

(translated by
Aaron Kramer)

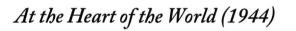

At the Heart of the World (1944)

My Brownsville Home

My Brownsville home: a feeble invalid,
peers through her cataracts into each dilapidated store,
echoes every pedlar's groan, as though amid
the pushcarts, she's just one old pushcart more.

All day I scrubbed the walls to rub their gloom away,
dusted the "antiques" off, one by one;
I worked the skin from my exhausted hands today,
but the gloom is not yet gone.

Bits of my life come creeping off the wall
and hang like scarecrows; from my plaster sky,
the half-gone ceiling, chunks forever fall—
rain comes in and not a corner's dry.

The doors—old men whose false teeth show—
opening and shutting, squeak: Who is it?
They greet each guest with a hello
that seems to ridicule the visit.

The windows—failing eyes framed by black glasses—
reproachfully glare at the world, and cry:
Who's made us blind to the bright day that passes?
Who's plucked the sun out of our sky?

So, guiltily, I scoured each scowling pane,
put curtains up, and made the windows brighter.
Delighted I lie back—but all in vain
my wearying toil: here comes the busy spider!

מיין בראָצזווילער היים

מיין היים—אין האַרץ פון בראָנזווילער דלות—אַ לאָמער אינוואַליד,
גלאָצט מיט בילמעדיקע אויגן אין יעדער אַלטער קראָם אַריין,
קרעכצט מיט אַלע פעדלער, ווי צווישן די פושקאַרטס אינדערמיט
זאָל זי אַליין אַ פושקאַרט אַלטוואַרג זיין.

כ׳האָב היינט אַ גאַנצן טאָג געוואָלט אַראָפּרייבן דעם אומעט פון די ווענט,—
געשייערט און גערייניקט יעדן ״אַנטיק״ באַזונדער,
ביז ס׳האָט זיך געשיילט די הויט פון מיינע פאַרהאָרעוועטע הענט,
אָבער דער טרויער פון די ווענט איז ניט אַרונטער.

עס קריכן שטיקער לעבן פון די ווענט אַראָפּ
און הענגען ווי סטראַשידלעס אויפן פעלד.
די סטעליע וואַרפט שטיקער ליימיקן הימל אין קאָפּ
און דער רעגן ליאַפּעט—וואו אים געפעלט.

טירן—זקנים מיט פאַלשע אַלטע ציין,—
מיט אַ כריפּ ביים עפענען זיך און ביים פאַרמאַכן,
באַגריסן יעדערן, וואָס קומט צו גאַסט צוגיין,
ווי זיי וואָלטן פון דעם יום-טוב חוזק מאַכן.

שויבן—שוואַרץ-באברילטע, קראַנקע אויגן,
בלינדע, מיט פאָרוואורף קוקן אויף דער וועלט
און מאָנען: ״ווער האָט עס די בלינדקייט איבער אונדז פאַרצויגן?
ווער האָט עס די זון פון אונדז פארשטעלט?!״

און איך האָב די שויבן געוואַשן, געגלעט,
יעדן פענצטער פאַרפּוצט אין אַ ווייסן גאַרדין.
איך קוק און שעפּ נחת אַ מידע אויף מיין בעט,
נאָר מיין פרייד ווערט צעשטערט פון אַ מנובל אַ שפּין.

I tidied every square inch of this place;
hung paintings over all the holes.
But a roach embarrasses me in front of Lenin's face:
from painting to painting cockily he strolls.

But Lenin is not angry; Lenin smiles from the wall
as if to say that he takes no offense,
that he's wise to the parasites, one and all.
So Lenin talked with me for hours, and what he said made sense.

איך האָב דאָך יעדן ווינקל פון מיין הויז צעקעמט,
די לעכער פון די ווענט מיט בילדער באַהאַנגען,
נאָר ס׳האָט אַ טאַראַקאַן מיך פאַר לעניִנען פאַרשעמט—
פון בילד צו בילד איז ער זיך צוגאַסט געגאַנגען.

נאָר לעניִן איז ניט ברוגז, לעניִן שמייכלט פון דער וואַנט,
ווי ער וואָלט וועלן מיך דערמאָנען,
אַז אים זייִנען אַלע פאַראַזיטן גוט באַקאַנט,
האָט לעניִן לאַנג צו מיר גערעדט, און איך האָב אים פאַרשטאַנען.

At Olgin's Grave

The people have come to the grave where their hero reposes
to honor their teacher with his first memorial-stone.
They stand around the mountains of red roses
and fondle the flowers with fingers worn to the bone.

Like his own way of speech—the monument is wrought
like his own self: no boastfulness, no airs.
Just two words cut into the stone: LIVED—FOUGHT
will tell their story to our unborn heirs.

From penniless holes in cities of gold the people have come
to bring the teacher news of their latest learning
and watch over Olgin asleep in his final home
and wait—until his wounds stop burning.

Surrounded by red blooms, he blazes red
and grows into the tombstone through a living stem.
The roses around this grave will never be dead,
because the people's grief has planted them.

Together the flowers and monument will thrive;
they'll grow in life's rich soil, as Olgin grew,
till every banner in the world will come alive
and boldly carry their hue.

Over the graves the voice of the people rings,
and Olgin hears himself: his word, his vibrant will.
They tell their hero precious things,
but for the first time Olgin is still.

ביי אָלגינ׳ס קבר

דאָס פֿאָלק איז צו זיין העלד אויפֿן קבר געקומען:
שטעלן זיין לערער דעם ערשטן מאָנומענט.
שטייט יעדער ביי די בערג רויטע בלומען
און גלעט יעדע בלום מיט פֿאַרהאָרעוועטע הענט.

ווי פֿון זיין וואָרט—דער מאָנומענט איז אויסגעשניצט,
ווי דער העלד—פּשוט און באַשיידן:
״געלעבט—געקעמפֿט״—די ווערטער צוויי אין שטיין פֿאַרקריצט—
וועלן צו די קומענדיקע דורות ריידן.

דאָס פֿאָלק פֿון אָרעמע היימען אין רייכע שטעט
איז געקומען אַלץ פֿון זיך זיין לערער דערציילן,
און וואַכן—וואו אָלגין רוט אַ מידער אין זיין בעט,
און וואַרטן—ביז ס׳וועלן זיינע וואונדן זיך פֿאַרהיילן.

לויכט דער העלד צווישן לעבעדיקע רויטע פֿאַרבן
און וואַקסט מיט שטיקער לעבן אין דענקמאָל אַריין.
ביי דעם קבר וועלן די בלומען קיינמאָל ניט שטאַרבן,
ווייל דאָס איז די זריעה פֿון פֿאָלקס ווייטיק און פּיין.

און די בלומען מיטן דענקמאָל וועלן וואַקסן צוזאַמען
ווי ער, אין דעם לעבן פֿאַרטאָן,
ביז אין אַלע שטעט און איבער ימ׳ען
וועט זייער פֿאַרב אַריינבלענדן אין יעדער פּלאַטערדיקער פֿאָן.

קלינגט לעבעדיק די שטים פֿון פֿאָלק אויפֿן טויטן-פֿעלד,
און אָלגין הערט זיין אייגן קול,
דאָס פֿאָלק רעדט צו זיין העלד,
נאָר אָלגין שווייגט צום ערשטן מאָל.

8

They stood at the grave till sunset—one and all—
coaxing his love to come up through their fingertips,
as though they wanted once more to recall
the last words that had come from Olgin's lips.

ביז זון-פֿאַרגאַנג איז יעדער ביים קבר געשטאַנען—
זיין ליבשאַפֿט דורך שפּיצן פֿינגער אַרייַנגעגלעט—
ווי זיי וואָלטן זיך נאָכאַמאָל וועלן דערמאָנען
און הערן די לעצטע ווערטער, וואָס אָלגין האָט צו זיי גערעדט.

World—You Are So Fair!

World—you are so fair! You take away my breath!
How welcomingly-wide your arms are flung!
But at your feet so many heaps of dung,
and on your breast—so many fields of death!

Today I stood and watched you at the sun's first rays
as a mother watches when her babe awakes;
I added up the gold on all your glades and peaks,
and drank you with my gaze.

I saw you sweep aside the stars that hung above you,
rub the sleep from your eyes with a broom of sun,
roll back the dismal cover night had spun
and I thought: how fiercely one can love you!

You lit a fire in one corner of your fields on high
and burned the shadows of the night on daybreak's pyre;
you blended earth and heaven with your fire
and fashioned walls out of the sky.

In seas of dew, like tugboats, blue trees swam
and dragged small bits of earth toward morning's light. . .
So I spread my arms, as though to clasp the lovely sight,
and gasped: How glad to be alive I am!

But scarcely had the dazzling entrance of the dawn been made,
a scene of desolation turned me pale. . .
So I put your ugliness and beauty on the scale,
and weighed—and weighed—and weighed.

וועלט — ווי שיין דו ביסט

וועלט—ווי שיין דו ביסט !
ווי ברייט צעעפנט דיינע אָרעמס,
נאָר ביי דיינע פיס אַזויפיל בערג מיט מיסט,
און אויף דיין ברוסט—אַזויפיל קברים.

ביי דיין צוקאָפּנס בין איך היינט פאַרטאָג געשטאַנען,
ווי אַ מאַמע ביי איר קינד דערוואַכנדיק אין וויג
און געציילט דאָס גאָלד אויף דיינע בערג, אויף דיינע לאַנען,
און דיך געשלונגען מיט מיין בליק.

איך האָב געזען ווי פון הימל האָסטו אַלע שטערן אויסגעקערט,
מיט אַ בעזים זון פונעם טאָג די אויגן אויסגעריבן,
אַראָפּגעשלעפּט דעם שוואַרצן צודעק פון דער ערד,—
האָב איך געטראַכט: וועלט, ווי שטאַרק מען קען דיך ליבן.

האָסט אַ פייער אין אַ ווינקל הימל אָנגעצונדן,
און די שאָטנס פון דער נאַכט מיט אים פאַרברענט,
מיט דיין פייער דעם הימל מיט דער ערד געבונדן
און פון לויטער הימל אויסגעגאָסן ווענט.

ס'זיינען בלויעביימער אין געדיכטן טוי ווי שיפן אומגעשוואומען
און שטיקער ערד צו דער זון געשלעפּט,
האָב איך די הענט מיינע צענומען
און אָנגעקוואָלן וואָס איך לעב.

נאָר קוים האָט זיך צעוויקלט העלער טאָג,
האָבן חורבות זיך פון בלויקייט אויסגעשיילט,
האָב איך געלייגט זיי מיט דיין שיינקייט אויף דער וואָג
און געציילט,—און געציילט,— און געציילט:

14

World—you are so fair! You take away my breath!
How welcomingly-wide your arms are flung!
But at your feet so many heaps of dung,
and on your breast—so many fields of death!

וועלט—ווי שיין דו ביסט !
ווי ברייט צעעפֿנט דיינע אָרעמס,
נאָר ביי דיינע פֿיס אַזויפֿיל בערג מיט מיסט,
און אויף דיין ברוסט אַזויפֿיל קברים.

My Childhood

Momma rocked my sobs away.
Her breasts had long ago gone dry,
so I cried both night and day
till no tears were left with which to cry.

She seasoned with a moan the bits of food
upon our plate;
every pot of broth she brewed
was peppered with a curse against her fate.

She weighed and measured every dried-up crust.
Instead of meat she gave us each a bone;
so we sucked the bone as if it were her breast
and quieted our hunger, hushed its moan.

Through interminable winter nights I heard
momma's cry of wrath.
With thunder in her every word
she chased the Angel of Death.

All the nights of childhood through
upon her breast I shut my eyes,
and she never knew
her curses had become my lullabies.

When momma could no longer keep
the slumber from her brain,
then silently I'd beg, I'd weep:
"Wake up and lull me with your curse again!"

מיין קינדהייט

ס׳האָט מיין מאַמע מיך אַן עופּה׳לע אַנטוויינט—
ניט געהאַט מיט וואָס צו זויגן,
האָב איך טעג און נעכט געוויינט
ביז קיין טרערן זיינען מער ניט געווען אין מיינע אויגן.

יעדע שיסעלע געקעכץ
וואָס ס׳האָט די מאַמע אונדז געגעבן,
האָט זי פאַרווייסט מיט אַ לאַנגן קרעכץ
און מיט אַ קללה אויף איר לעבן.

זי האָט יעדן פּיצל ברויט געמאָסטן און געוואויגן,
אָנשטאָט פלייש געגעבן אונדז אַ ביין,
האָבן מיר דעם ביין ווי איר ברוסט געזויגן,
און געשטילט אין זיך פון הונגער דעם געוויין.

איך האָב דורך לאַנגע ווינטערדיקע נעכט
געהערט מיין מאַמעס קללות,
זי האָט מיט שוועבל-פּעך
גערופן און געטריבן דעם מלאך-המות.

און איך בין אויף מיין מאַמעס ברוסט
געשלאָפן אַזוי דורך יאָרן,
און זי האָט ניט געוואוסט
אַז אירע קללות זיינען מיינע וויגלידער געוואָרן.

ווען ס׳פלעגט מיך מיין מאַמע ווערן
און דער שלאָף פלעגט איר באַזיגן,
פלעג איך בעטן זיך מיט טרערן,
זי זאָל מיך ווידער מיט אירע קללות וויגן.

18

The Ballad of a Fresh Loaf of Bread

We nestle on the pallet, eight in number.
Our blanket is the frost.
Night follows night, and none of us can slumber
after long days without a crust.

Day breaks. A ray sneaks in, alights on momma's brow
and shows the lines notched deep for every grief that's
      wrung her. . .
She asks herself: What now?
Which one of us will die today of hunger?

Momma has been up for hours:
if only the Patriarchs would hear her pray!
She begs them to behold this woe of ours
and keep the Angel of Death away.

She parts the shutters and peers out into the street.
Her eyes pry open the storehouse of our next-door neighbor.
That one's pantry overflows with things to eat,
but let a poor soul ask her for a favor!

She's bartered momma's jewelry for a meal.
A pious bargainer, she calls on God to set the cost.
She scrapes out quietly, after each deal,
and for a loaf of bread our last poor bed is lost. . .

Everything's sold now, momma sighs, hunched at the table,
and desperately surveys our barren place.
Her ear is slashed by the moan of a dying baby;
tears run down her face.

די באַלאַדע פון אַ פרישן לאַבן ברויט

מיר ליגן אויפן טאָפּטשאַן זאַלבע אכט.
פראָסט איז אונדזער צודעק.
ס׳איז קיינער ניט געשלאָפן נאַכט-נאָך-נאַכט—
נאָך לאַנגע הונגעריקע טעג.

ס׳טאָגט. אַ פּאָדים זון גנב׳עט זיך אין הויז אַריין,
באַלייכט דער מאַמעס פּנים, אירע טיפע קאַרבן.
ס׳טראַכט די מאַמע: וואָס וועט זיין ?
ווער וועט היינט פון הונגער שטאַרבן ?

די מאַמע איז לאַנג שוין אויפגעשטאַנען,
זי דאַוונט און בעט רחמים ביי די אבות,
זיי זאָלן זיך אין אונדז דערמאָנען,
און ניט דערלאָזן צו אונדזער טיר דעם מלאך-המות.

ס׳עפנט די מאַמע די לאָדנס און קוקט אין גאַס אַרויס.
אירע אויגן רייסן-אויף דער שכנה׳ס שפּייכלער מעל—
אַ אָנגעשטאָפּטע אונדזער שכנה ; פול כל-טוב איר הויז,
נאָר זאָל אַן אָרימאַן אַריבערגיין איר שוועל.

זי האָט דער מאַמעס צירונג אויסגענאַרט.
פרום ביים דינגען זיך מיטן אויבערשטן גערעדט.
נאָך יעדער קניע זיך שטיל פון הויז אַרויסגעשאַרט—
פאַר אַ לאַבן ברויט געלאָזט אונדז אָן אַ בעט.

שוין אַלץ פאַרקויפט, טראַכט די מאַמע ביים טיש אָנגעבויגן,
און וואַרפט אין פוסטע ווינקלען יאוש׳דיקע בליקן.
עס שניידט איר אויער דאָס קרעכצן פון אַ גוסס׳דיק קינד,
און אַ קוואַל טרערן גיסט פון אירע אויגן:

No bread, no milk to tear the child from death.
She stiffens, rushes from the house,
tiptoes to our neighbor's door, with bated breath
watches, waits—
till Sarah-Bella embarks on the Eighteen Benedictions;
then nimbly steps into the kitchen,
wraps her kerchief around a fresh-baked loaf,
and—like a wind—flies off.

And when she brings inside
that loaf of bread,
we clap our hands, the tears are dried,
everyone creeps out of bed
and comes to the old table;
we gape upon that wonder,
devour it with eyes
enflamed by hunger.

We wait—wait. Our cheeks are drained of blood.
Momma holds back till all of us are seated,
then takes the fresh-baked loaf of bread
and divides it into eight.
Our eyes make sure that no one has been cheated.
Intestines churn, intestines speak, intestines bite.

Later—as though in mourning—
quietly she sits.
Upon her hands a sadness like a half-ton weight.

ניטאָ מיט וואָס דאָס קראַנקע קינד דערקוויקן,
ווערט די מאַמע שטייף און לויפט אויף גיך פון שטוב ארויס.
מיט שטילע טריט צו דער שכנהיס טיר זיך צוגעשאַרט,
געוואַרט, געהיט—
ביז געשטאַנען שמונה-עשרה איז די שכנה שרה-ביילע,
איז די מאַמע פלינק אַריין צו איר אין הויז, אַ כאַפּ געטאָן
אַ לאַבן ברויט אין איר פאַטשיילע—
און ווי אַ ווינט פאַרשוואונדן.

און אַז די מאַמע האָט אַריינגעבראַכט
דעם פרישן לאַבן ברויט אין הויז,
איז געוואָרן פריילעך.
קריכן אַלע פון די בעטן אַרויס,
זעצט מען זיך אַרום דעם אַלטן טיש
און מען גלאָצט אויפן גרויסן וואונדער,
און מען שלינגט אים מיט די אויגן—
פון הונגער-פיבער אָנגעצונדן.
מען וואַרט—מען וואַרט. ס׳טרינקט דאָס פנים אויס דאָס גאַנצע בלוט.
די מאַמע היט קיינער זאָל ביים טיש ניט פעלן,
זי נעמט אין אירע הענט דעם פרישן לאַבן ברויט,
און שניידט אים אויף אַכט גלייכע טיילן.
אויגן מעסטן.
געדערים קראַמפן, געדערים בייסן, געדערים ריידן.
—אָט גיבן זיי דעם בויך אַ שפּאַר,
ווי אַ סטאַדע קי צו דער טיר פון שטאַל זיך רייסן,
דערפילנדיק געפאַר.

און נאָכדעם—
די מאַמע ווי אין שבעה זיצט—
אַ טרויער אויף איר פנים הענגט, ווי צענער פוד געוויכט.

She reads the Pentateuch religiously:
upon her lips
a murmur of the holy text—
and in her eyes a question: What's to be?
What's to be next?

זי זיצט ביים טיש אַ שטילע,
קוקט פרום אין טייטש-חומש אַריין.
ס׳מורמלען אירע ליפּן אין זיך אַ תפילה,
און די אויגן פרעגן: וואָס וועט זיין?
וואָס וועט ווייטער זיין?

Seven Red Roses

You have torn seven red roses out of my garden,
seven red roses that bathed in dew with every rising sun.
Your conscience is clear—no need to beg pardon
when my garden grieves at what you have done.

Your ear is deaf to the woe of these petals that wither,
my young beheaded blossoms that blazed so red. . .
What good are all your fine words strung together
faced with the seven graves in your garden-bed?

Seven red roses imprisoned in a basement-room.
Seven red roses in thick dark night immersed.
Their tenderness washed out by your days of gloom.
Their fragrant wine gulped down to quench your desert-thirst.

And when a few dry petals fell on your hands
to wake some warmth within those claws of metal,
begging the fingers for light—a few thin strands—
with the boldness of a curious child you had to stamp on
        every petal.

So I stand here in my garden, and I reckon:
rose by rose, grave by grave, day by day;
relive each death, and feel that every second
a slow, sad century trudges away.

זיבן רויטע רויזן

זיבן רויטע רויזן פון מיין גאָרטן האָסטו אויסגעריסן
(זיבן רויטע רויזן אין מיינע טויאיקע פרימאָרגנס יעדן טאָג געבאָדן),
עס קלאָגט זיך ניט דיין ווירדע, עס בייסט ניט דיין געוויסן,
ווען עס וויינט מיין גאָרטן אויפן שאָדן.

עס פאַרנעמט דיין אויער ניט דעם צער פון בלייכנדיקער בליאונג
פון מיינע יונגע אויסגעפליקטע קווייטן.
וואָס מיינען דיינע רייד פון גוטסקייט און באַציאונג
קעגן די זיבן קברים, וואָס דו האָסט געלאָזט אויף מיינע גאָרטן-בייטן.

זיבן רויטע רויזן אין אַ קעלער אין אַ פינצטערן פאַרשלאָסן.
זיבן רויטע רויזן אין דיקן חושך פון דער נאַכט געטונקען.
מיט פעך פון דיינע שוואַרצע טעג זייער צאַרטקייט אָפּגעגאָסן
און זייער שמעקעדיקן ווייַן מיט מדבר׳דיקן דורשט געטרונקען.

און ווען עס זיינען בלעטלעך טרוקענע אויף דיינע הענט געפאַלן—
דיין בלעכענע צאַרטקייט צו פּרובירן גלעטן—
ווי זיי וואָלטן בעטן דורך די פינגער כאָטש—דינע פעדים שטראַלן—
האָסטו מיט געוואַגטקייט פון קינדערישן נייגיר זיי געמוזט צעטרעטן.

שטיי איך אין מיין גאָרטן און איך צייל:
צייל די רויזן, צייל די בייטן, צייל די קברים, צייל די טעג,
לעב איך ווידער איבער מיט יעדער אָפּגעהאַקטער טייל
ווי אין יעדער רגע אַ לאַנגווייליקער יאָרהונדערט איז אַוועק.

But in my garden new young roses blossom, that wish never
to know about sorrow—though seven stems are standing
    robbed of their crown
and it seems to me that they'll stand this way forever
like the doorsteps of a building that's burnt down.

Seven steps—that don't lead anywhere;
seven lost years of one's life. . .beyond recall.
Seven roses, that bloomed for Death alone; they were fair,
but gave the world nothing at all.

May my seven roses flicker in your hand
like candles, and reveal to you the power
of those great iron walls that stand
between you and my garden, where once more—amid roses
    and rainbows—I flower.

נאָר עס בליִען אין מיין גאָרטן נייע, יונגע רויזן, וואָס ווילן ניט וויסן פון געוויין,
כאָטש עס שטעקן פון אַ בייט זיבן שטאַמען מיט אָפּגעהאַקטע קעפּ,
און ס׳דאַכט זיך, אַז זיי וועלן שוין דאָ אייביק אַזוי שטיין,—
ווי ביי אַן אָפּגעברענטן הויז די איבערגעבליבענע טרעפּ.

זיבן טרעפּ—וואָס פירן אין ערגעץ ניט,
זיבן יאָר פאַרבלאָנדזשעטע, פאַרלאָרענע אין לעבן,
זיבן רויזן, וואָס האָבן בלויז צוליב דעם טויט געבליט—
און דער וועלט גאָרנישט געגעבן.

זאָלן מיינע זיבן רויזן אין דיינע הענט
צאַנקען ווי ליכט פאַר דיינע אויגן,
און דיר באַלייכטן די מאַכט פון די אייזערנע ווענט
צווישן דיר און מיין גאָרטן, וואו איך בלי אויפדאָסניי—
צווישן רויזן און רעגנבויגן.

Disappointed People

Within the eyes of disappointed people
the lights are low—they look like darkened rooms.
Each day a silent, solitary steeple;
each spring a universe where nothing blooms.

Their sky, a pillow-case with stains washed out,
is always wet—has neither sun nor stars.
Their eyes forever weigh, forever doubt,
and glare as lions do behind their bars.

אַנטוישטע

אין אויגן פון מענטשן אַנטוישטע
קאָפּטשעט אַ צעשמאָלצענע ליכט—
יעדער טאָג אַן איינזאַמער שפּיץ פון אַ קלויסטער;
יעדער פרילינג—אויפן קאַלענדאַר אַ פליך.

דער הימל—אַ ציך מיט פאַרוואַשענע פלעקן,
טריקנט זיך קיינמאָל ניט אויס.
זייערע אויגן שטענדיק מעסטן, שטענדעק פרעגן,
און קוקן ווי לייבן פון שטייגן אַרויס.

Heaven and Earth (1947)

There Once Was a House

There once was a house on the butchers' street:
an old-fashioned house half-sunk in mud.
They'd a water-barrel for midsummer's heat;
in winter the samovar thawed their blood.

There once was a house that shook with the din
of Jewish singing and laughing and weeping.
Many a midnight the rain poured in
and shared the cradles where infants were sleeping.

There once was a house with a cellar, an attic,
with shutters, a porch; when Passover neared,
the smell of fried goose made them ecstatic;
Fridays they sniffed at the roast, and cheered.

Beside this house was a deep, round well
the whole street drew from. Once in a while
they wrangled and cursed—but after a spell
got over the grouch and managed to smile.

There once was a house whose girls and boys
had bare little feet and clothes that were frayed.
There was never an end to the joys and the noise
that Moisheles, Chaneles, Yoseles made.

At one of the windows a child would perch
and gaze through the pane with a dreamer's eye:
Way past the synagogue, way past the church,
green meadows sprawled, and the Bug flowed by.

איז געווען אַמאָל אַ הויז

איז געווען אַמאָל אַ הויז אויף קצבֿישער גאַס.
אַן אַלטמאָדיש הויז, אין בלאָטעס פּאַרזונקען.
וואַסער ט׳מען געהאַלטן אין אַ הילצערנעם פאַס
און טיי פון סאַמאָוואַר פון הייסן געטרונקען.

איז געווען אַמאָל אַ הויז— מיט יידן באַזעצט,
מיט יידישע קלאַנגען, מיט יידישן ניגון.
ס׳האָט אָפטמאָל אַ רעגן די סטעליע פאַרנעצט
און געגעכטיקט מיט קינדער, מיט קליינע אין וויגן.

ס׳איז געווען אַ הויז מיט אַ קעלער אַ טיפן,
מיט אַ בוידעם-שטיבל, מיט אַ גאַנעק, מיט לאָדנס.
ס׳האָט געשמעקט ערב-פסח מיט גענדזענע גריוון
און ערב-שבת מיט פיש, מיט יויך און געבראָטנס.

ס׳איז אַ ברונעם אַ רונדער געווען ביי דער זייט,
האָט דאָס געסל, דאָס גאַנצע דאָרט וואַסער געשעפּט.
געקריגט זיך, געשאָלטן פון צייט צו צייט,
זיך איבערגעבעטן און ווידער בשלום געלעבט.

ס׳איז געווען אַ הויז מיט קינדער מיט קליינע,
מיט שמאַטענע קליידעלעך, מיט באָרוועסע פיסעלעך.
ס׳האָט שטענדיק געהילכט מיט געלעכטערס, געוויינען
פון משהלעך, יאָסעלעך, חנהלעך, זיסעלעך.

האָט אַ קינד זיך ביים פענצטער געשטעלט אויף אַ שטול
און דורך די שויבן צו וויטן געקוקט—
געזען האָט עס דאָרט דעם קלויסטער, די שול,
די לאָנקעס, די גרינע, דעם פּראָם און דעם בוג.

If someone was having a difficult labor,
the whole street turned into sisters and brothers:
some brought a tear to comfort their neighbor;
her washing and cooking were seen to by others.

If a holiday came, or a bit of good news,
all rushed around as busy as elves—
some of them patching up old pairs of shoes,
others creating new clothes for themselves.

When Passover-time was in the air,
wealthy and poor stripped every bed.
They scrubbed a year from table and chair,
and out in the sun the wash was spread.

No child skipped off that afternoon:
the courtyard blossomed with bric-a-brac,
and—busily humming a children's tune—
they went through sack after raggedy sack.

A button, a nail, a burnt-out wick,
a smallbox, a key, a rusty chain,
a clock that had long forgotten to tick—
in the eyes of a child they were pirate's gain.

At night the whole house glowed like a bride:
children and grown-ups in holiday dress.
A fragrance of dumplings wafted outside;
the windows ablaze with happiness.

If a stranger blundered to somebody's door,
they cried: Come in and get washed, good man!
Are spoons, forks lacking because we are poor?
Add water—the pot soon boils again!

איז אַ קימפּעטאָרין צו קינד געגאַנגען שווער—
איז אַ שוועסטער, אַ ברודער געווען יעדער שכן.
ווער ס׳האָט געהאָלפן מיט לאָזן אַ טרער
און ווער מיט וואַשן, מיט פּרעסן, מיט קאָכן.

איז געקומען אַ יום-טוב, אַ שמחה, אַ פרייד,
איז יעדער געווען פאַרנומען מיט זיך.
ווער ס׳האָט זיך נייע מלבושים גענייט,
און ווער בלויז פאַרלאַטעט אַן אַלטע פּאָר שיך.

ס׳האָבן אַלע ערב-פּסח, סיי רייך און סיי אָרעם,
גערייניקט, געלופטערט די שטרויזעק, די קישנס.
אין דרויסן צעשפּרייט די קליידער, די ספרים,
און די הויטן געשונדן פון בענקלעך, פון טישן.

ס׳זיינען קינדער דעם טאָג פון הויז ניט אַוועק,
פול איז דער הויף געווען מיט אַנטיקן.
ס׳האָבן יאַטלעך געפּאַלמעסט די שמאַטענע פּעק
און אונטערגעזונגען אַ קינדערשן ניגון.

אַ קנעפּל, אַ טשוועקל, אַן אויסגעברענט קנייטל,
אַ זייגער אַן אַלטער, אָן ווייזערס, צעבויגן,
אַ שלעסל, אַ קעסטל, אַ זשאַווערדיק קייטל—
אַלץ איז אַן אוצר אין קינדערשע אויגן.

ביינאַכט האָט דאָס הויז ווי אַ כלה געלויכטן.
קינדער און גרויסע אין יום-טוב באַקליידט.
געשמעקט האָבן קיכן מיט קניידלעך, מיט יויכן,
געפלאַמט האָבן פענצטער מיט ליכטיקער פרייד.

האָט אַן אורח פאַרבלאָנדזשעט צו עמעצנס טיר,
איז— „אדרבה, קומט און וואַשט זיך, רב ייד.
עס פעלט ביי אַ קבצן גאָפּל-מעסער, געשיר ?
איז נאָך אַ קוואָרט וואַסער און דער טאָפּ ווידער זידט.“

If someone had no wine for his feast,
he didn't banish the holiday.
He could grace his table with beet-juice at least,
and think the Lord had planned it that way.

Everyone practiced the Passover rite:
some with good wine, with fish and meat,
some with black coffee and matzohs that night
at old wooden tables on wobbly feet.

When Passover came, the house ran on wheels.
All spoke of miracles. Someone confessed
the soup melted dumplings at one of her meals.
There was talk of a Christian disguised as a guest.

But Faivel the Butcher's marvel was greater
than any they'd heard in many a year:
Elijah had come to the pious man's seder
and emptied the goblet and disappeared!

The women dished out this miraculous news
on plates that went clattering far and wide.
The synagogue-yard was astir with Jews
who echoed the tale till the last star died.

It traveled on trains through village and farm.
Some listened and smiled a mischievous smile;
some swore: My beard—may it come to harm!
and trusted the legend for quite a while.

Who knows what would be the end of that wonder;
who knows what oaths they still might take—
had Sarah not spoken one night in her slumber
and Zavel not happened to be awake.

האָט ווען דער ווײַן צום סדר געפֿעלט,
האָט יענער דעם יום-טוב פֿון טיר ניט פֿאַרטריבן.
ס׳האָט אַ קבצן צום טיש דעם ראָסל געשטעלט
און געמיינט, ס׳איז אַזוי אין די הימלען פֿאַרשריבן.

ס׳האָבן אַלע דעם סדר לויטן מנהג געפּראַוועט.
ווער מיט ווײַן, מיט פֿלייש און מיט פֿיש,
און ווער מיט אַ מצה און שוואַרץ טעפּל קאַווע
אין אַן אַלטער קאַפּאָטע, ביי אַ הינקעדיקן טיש.

ס׳איז פּסח דאָס הויז געגאַנגען אויף רעדלעך.
ס׳האָבן קיינעם קיין ניסים די וואָך ניט געפֿעלט.
ס׳זיינען ביי איינעם אין יויך צעגאַנגען די קניידלעך,
ס׳האָט ביים צווייטן אַ גוי זיך פֿאַר אַן אורח פֿאַרשטעלט.

נאָר דער נס ביים קצב רב פּייוול דעם פֿרומען
געווען איז דער גרעסטער אין יאָרן—
ס׳איז אליהו הנביא צו זיין סדר געקומען,
אויסגעליידיקט די כוסה און נעלם געוואָרן.

ס׳האָבן ווייבער דעם נס אויף טעלער צעטראָגן,
ס׳האָבן מאַמעס און קינדער ביז נאַכטיקער שפּעט
און יידן אין שול-הויף ביז העלע פֿאַרטאָגן
פֿון נס פֿון גרויסן מיט התפּעלות גערעדט.

ס׳איז דער נס אויף באַנען איבער שטעטלעך געפֿאָרן.
ווער ס׳האָט געהערט און געשמייכלט פֿאַרשייט,
ווער ס׳האָט ביי באָרד און ביי פּיאות געשוואָרן
און הייליק געגלויבט גאָר אַ לאַנגע צייט.

ווער ווייסט ווען ס׳וואָלט גענומען אַ סוף
צו די אַלע קללות איבער יידישע בערד,
ווען שרה זאַוולס זאָל ניט רעדן פֿון שלאָף
און רב זאַוול אַליין זאָל ניט האָבן געהערט.

For years that impish wife had been itching
to know the taste of authentic wine.
Too many seders she'd spent in her kitchen
settling for beet juice . . . But not this time!

The butcher had plenty of wine on his shelf;
of fish and of meat he'd enough and more.
So she made an Elijah of herself,
and watched for her neighbor to open his door.

Now Zavel listened, half-hiding a grin,
and gazed at the radiant face of his mate:
Such nerve! such a madcap, impossible whim!
—but truly he deemed the joke first-rate.

This man was a prayer-clown. From boyhood years
mischief had been his favorite habit;
father had frequently boxed his ears
for pelting the river with rocks on a Sabbath,

for putting specs on the kitten's eyes,
for wearing the wig of Rebbe's wife,
for tripping old Heinech, for pasting flies
on Rebbe's pointer . . . Ah, that was the life!

Now here was a new bit of mischief to do
to shake up the rich, to shock the devout:
next morning everybody knew
how the butcher's "wonder" had come about.

Such outbursts of fury! such lightning and thunder!
But soon they forgot the whole affair.
Men hoped once more for a holy wonder;
wives sat on porches sunning their hair.

ס׳האָט שרהלע מזיק ערב-פּסח באַשלאָסן
צו פֿאַרזוכן דעם טעם פֿון אמת׳ן ווײַן.
ס׳איז איר נמאס געוואָרן צו טרינקען דעם ראָסל
בײַ זיך אין דער היים יאָר-אויס און יאָר-אײַן.

אויפֿן קצבֿ׳ס טיש האָט קיין ווײַן ניט געפֿעלט
און קיין פֿיש און קיין פֿלייש אינדערוואָכן.
האָט זיך שרהלע זאַוולס פֿאַר אליהון פֿאַרשטעלט
און געוואַרט ביז די טיר האָט געעפֿנט דער שכן.

ס׳האָט זאַוול געהערט מיט באַהאַלטענעם שמייכל,
געקוקט אויף שרהלעס פּנים דעם העלן:
„הער נאָר אַן אײַנפֿאַל, הער נאָר אַ שׂכל !" —
נאָר דאָך איז דאָס שפּיצל אים דווקא געפֿעלן.

ס׳איז זאַוול געווען אַ ייִד אַ פֿרומאַק.
פֿון ייִנגלווײַז נאָך—אַ שייגעץ, אַ לץ,
ניט איינמאָל געכאַפּט פֿון טאַטן אַ פּסק
פֿאַר אָנטאָן ברילן אויף דער מאַמעס קעץ,

פֿאַר צוקלעפּן פֿליגן צום רבינס טייטל,
פֿאַר וואַרפֿן שבת אין טייך אַריין שטיינער,
פֿאַר אָנטאָן אויף זיך דער רביצינס שייטל,
פֿאַר שטעלן אַ פֿיסל דעם אַלטן רב היינעך.

ס׳האָט זאַוולען זיך ווידער אַ שפּיל טאָן פֿאַרגלוסט
מיט די באַלעבאַטים די רײַכע אין קלויז.
אויף מאָרגן האָבן אַלע אין געסל געוווּסט
דעם סוד פֿון דעם נס בײַם קצבֿ אין הויז.

האָבן זיך ייִדן געבייזערט, געמוסרט, געשטראָפֿט
און שפּעטער אין נס, ווי אין זאַוולען פֿאַרגעסן.
ווידער האָבן ייִדן אויף ניסים געהאָפֿט,
ווידער זײַנען ווײַבער אויף גאַנעקעס געזעסן.

There came a betrothal or other occasion—
a wedding, a "bris"—they embraced on the street;
people poured out for the celebration
and polished the dance-floor with swollen feet.

Yankel would come on such a day:
Yankel the Minstrel, with fiddle and bow.
Sick Bluhme, his mother, had passed away
before he was old enough to know.

Yankel and Poverty were twinborn.
Embarrassed, he would shear his days.
His face was brighter than fresh-ground corn;
eighteen Aprils bloomed in his gaze.

At dawn his melody skipped beside
the kids who were off to Hebrew class.
He played while his empty stomach cried,
till day deserted his window-glass.

Wearing his cap in a cockeyed way—
that cap from which he refused to part;
and the fiddle grandpa had taught him to play—
his loved one, the fiddle—held to his heart.

He played quadrilles at every party
to pull the old folk from their seat,
polkas for the young and hearty,
and even a "freilachs" for a treat.

Yankel would play with soul, with feeling,
till mother-hearts could stand no more.
On top of the table old Nissen went reeling,
while others pounded their boots on the floor.

באַלד איז אַ שמחהלע אונטערגעקומען:
אַ בר-מצווה, אַ תנאים, אַ חתונה, אַ ברית,
האָבן זיך ייִדן ווי קינדער אַרומגענומען
און געשלייפט אין דיל די פֿאַרשוואָלענע פֿיס.

ווי נאָר אַ שמחה איז יאַנקל געקומען,
יאַנקל דער קלעזמער, מיט זיין פֿידל און סמיק.
ס'האָט אים זיין מאַמע, די קראַנקע בלומע,
אַ יתום געלאָזן, אַ קינד נאָך אין וויג.

ז'איז יאַנקל מיט דלות געוועזן אַ צווילינג,
אַ פֿאַרשעמטער די טעג פֿון לעבן געשאָרן.
זיין בליק האָט געבליט מיטן אַכצנטן פֿרילונג,
זייך פּנים—פֿריש-געמאָלענער קאָרן.

יאַנקל פֿלעגט שפּילן אין פֿריע פֿאַרטאָגן,
די קינדער אין חדר מיט אַ ניגון באַגלייט.
יאַנקל פֿלעגט שפּילן אויף אַ ניכטערן מאָגן
ביז ס'האָט זיך דער טאָג מיט זיין פֿענצטער צעשיידט.

אויפֿן שפּיץ קאָפּ פֿאַררוקט דאָס געקעסטלטע היטל,
וואָס פֿלעגט זיך מיט יאַנקלען קיינמאָל ניט שיידן.
אויף זיין ברוסט—די געליבטע, זיין פֿידל,
וואָס ער האָט נאָך קינדווייז געירשנט פֿון זיידן.

אויף יעדער שמחה פֿלעגט יאַנקל שפּילן
פֿון פֿריען פֿאַרנאַכט, ביז בלאָען באַגינען;
פֿאַר יונגוואַרג פֿאָלקעס, פֿאַר אַלטוואַרג קאַדרילן
און אַמאָל פֿלעגט זיך יאַנקל אַ "פֿריילעכס" פֿאַרגינען.

יאַנקל פֿלעגט שפּילן מיט האַרץ, מיט געפֿיל
און די הערצער ביי מאַמעס צעריסן.
ס'פֿלעגן ייִדן צימבלען מיט די שטיוול אין דיל,
אויף טישן פֿלעגט טאַנצן דער אַלטער רב ניסן.

The girls—like shadows—whirled in a ring
and gazed at the fiddler across the room.
Each secretly prayed that God might bring
a fellow like Yankel to be her groom.

When a string of the fiddle suddenly tore,
it shut up—like a butchered bird.
Then, with one voice, the men would roar,
and the shrill shrieks of wives were heard:

"Play, Yankel, play!
Like your grandpa!" they would scream.
"Stamp, people, while we may!
Life is nothing but a dream!"

The boy played tune after tune for them
till the exhausted fell like flies;
and still—with bleary, weary eyes—
whiningly they called to him:

"Play, Yankel, play!
. . . a lively one, a 'freilachs'!"

                    *   *   *   *

There once was a house, but it stands no more.
The earth and the sky are just as before.
But the house and the Jews are there no more.

There once was a house with girls, with boys,
with laughter, with songs that may echo yet.
What's left of the children?—a cradle, some toys.
Their names?—the letters of the alphabet.

ס׳האָבן טעכטער ווי שאָטנס געשוועבט אין אַ ראָד,
אויף יאַנקלען געוואָרפן פאַר׳חלומ׳טע בליקן,
און שטילערהייט געבעטן ביי גאָט,
ער זאָל אַזאַ חתן, ווי יאַנקל, זיי שיקן.

האָט זיך פלוצים אויף צווייען צעריסן אַ סטרונע.
איז ווי אַ געשאָכטענער פויגל זיין פידל אַנטשוויגן.
האָבן יידן מיט קולות אינאיינעם געדונערט,
האָבן ווייבער מיט סאָפּראַנעס, מיט דינע געשריגן :

״ שפּיל, יאַנקל, שפּיל !
ווי דיין זיידע עליו-השלום.
זעצט, יידן, מיט די פיס אין דיל !
דאָס גאַנצע לעבן איז אַ חלום !״

יאַנקל פלעגט שפּילן ניגון נאָך ניגון,
ביז ס׳זיינען די מידע געפאַלן ווי פליגן
און מיט האַלב-פאַרמאַכטע, פאַרמאַטערטע אויגן
נאָך אַלץ דעם ניגון דעם זעלבן געצויגן :

״שפּיל, יאַנקל, שפּיל,
אַ לעבעדיקס, אַ פריילעכס !״

* * *

איז געווען אַמאָל אַ הויז, איז עס מער ניטאָ.
די ערד איז ווידער ערד. דער הימל ווידער בלאָ.
נאָר דאָס הויז און די יידן זיינען מער ניטאָ.

איז געווען אַמאָל אַ הויז מיט קינדער, מיט גרויסע,
מיט יידישן געלעכטער, מיט יידישן ניגון,
איז פון די נעמען געבליבן—אין אלף-בית די אותיות,
און פון קינדער—די שפּילצייג, די וויגן.

Of Yankel nothing remains but his cap.
The house is a heap—its floors burnt black.
But deep in the cellar, day after day,
his fiddle waits for someone to play.

פון יאַנקלען איז געבליבן דאָס געקעסטלטע היטל,
פון דעם הויז—אַ חורבה מיט פאַר׳שרפה׳טע דילן,
נאָר אין קעלער באַגראָבן ליגט יאַנקלס פידל
און וואַרט, עס זאָל ווער אויף אים שפּילן.

Shmulik

In the midst of fields and byroads
there's a Home where children stay,
and close by a train goes past
every day at break of day.

Through the shutters, little children
watch the shadows; and they wait,
hopeful that some passenger
will be coming through the gate.

They keep longing for a mother
to arrive and fondle them,
for a father to walk in
and hold them on his knee again.

And they go on dreaming, hoping,
till once more it's time to sleep.
But one Shmulik stays awake;
but one Shmulik guards the street.

Whom is it he seeks? who is it
that he sees among the leaves?
whom does he cry out to? whom
does he greet? whom does he grieve?

Every shadow that approaches
looks like mother; one and all
hurry from the railway station
in his mother's long black shawl.

שמואליק

צווישן פעלדער, צווישן לאַנען
איז אַ קינדער-היים פאַראַנען.
און פון קינדער-היים אַ שפּאַן
פּאָרט פאַרביי פאַרטאָג אַ באַן.

קוקן קינדערלעך דורך לאָדנס
אויף די שוועבנדיקע שאָטנס.
צי עס גייט אַ פּאַסאַזשיר
דאָ אַהער צו זייער טיר.

און זיי קוקן און זיי בעטן
ס׳זאָל אַ מאַמע קומען גלעטן,
ס׳זאָל אַ טאַטע צו דעם הויז
קומען, האַלטן אויפן שויס.

און זיי טרוימען און זיי האָפן
ביז זיי גייען ווידער שלאָפן,
נאָר איין שמואליקל בלייבט וואַך,
נאָר איין שמואליק היט דעם שליאַך.

ווען זוכט ער, ווען זעט ער
אין די צווייגן, אין די בלעטער ?
ווען רופט ער, ווען גריסט ער
און די טרערן וואָס פאַרגיסט ער ?

ס׳איז אויף שליאַך איעדער שאָטן
אין זיין מאַמעשי געראָטן.
ווער עס גייט נאָר פון וואָקזאַל,
טראָגט זיין מאַמעס שוואַרצן שאַל.

One of eight was little Shmulik;
none remain of all the others.
Winds are wailing lamentations
for his sisters and his brothers.

No more shall his father's singing
wait for him upon the stair.
No more shall his mother come
and run her fingers through his hair.

He could forget that horrid daybreak
on the journey to Lublin
when she hurled him—in a suitcase—
from the boxcar they were in.

He could forgive them and forget them—
all those bitter times—if now
she would stand beside his bed
and bend just once to touch his brow.

But she comes not from Maidanek.
All that comes is one more sun,
probably because it knows
that his mother will not come.

In the midst of fields and roadways
there's a Home where children stay;
and one child—no more than seven—
with a head of hair that's gray.

שמואליק, שמואליק דער קליינער
איז פון אַכט געבליבן איינער.
פון די שוועסטער, פון די ברידער
זינגען ווינטן טרויער־לידער.

ס׳וועט זיין טאַטנס שטילער ניגון
מער ניט וואַרטן אויף די שטיגן.
ס׳וועט זיין מאַמע שוין ניט מער
קומען גלעטן אים אַהער.

ער וואָלט פאַרגעסן דעם באַגין
אויף די וועגן קיין לובלין,
ווען אים זי האָט אין טשעמאָדאַן
אַרויסגעוואָרפן פון דער באַן.

ער וואָלט פאַרגעבן און פאַרגעסן
אַלע פינצטערע מעת־לעתן,
ווען זי קומט איצט צו זיין בעט
און גיט אים כאָטש איין גלעט.

נאָר זי קומט ניט פון מאַידאַנעק.
ס׳קומט די זון בלויז צו זיין גאַנעק,
ווייל זי ווייסט, זי ווייסט מסתמא,
ס׳וועט ניט קומען מער זיין מאַמע.

צווישן פעלדער, צווישן לאַנען
איז אַ קינדער־היים פאַראַנען
און אַ קינד פון זיבן יאָר
מיט אַ קעפּל גרויע האָר.

Today the Wind Spoke Yiddish to Me

Today the wind spoke Yiddish to me,
like poppa and grandpa, long ago.
I heard—not marveling how it could be;
I recognized that voice of woe.

That's how Jews conversed with each other
at shul, in stores, on the street. At home
that was what children heard from their mothers
after a funeral, plague, or pogrom.

That's how the littlest kids would speak
down in the yard where we played our games.
That's how I heard the neighbors shriek
when they ran from homes engulfed in flames.

That's how mothers cried out in bed
when labor pains were too much to bear.
That's how an orphan prayed for his dead.
That's how my people sobbed its despair.

I knew that sound at an early age,
when I could only crawl on the floor.
I know that voice of eternal rage—
today in the wind it spoke once more:

"The ash of Treblinka—that's what we are.
No more can you lock us in or out.
On wings, swift wings, we come from afar;
there's something, world, you must hear about!"

ס׳האָט דער ווינט הײַנט גערעדט צו מיר ייִדיש

ס׳האָט דער ווינט הײַנט גערעדט צו מיר ייִדיש
ווי מײַן מאַמע, ווי מײַן זיידע אַמאָל.
כ׳האָב געהערט און זיך גאָרניט געחידושט,
דערקענט כ׳האָב דאָס טרויעריק קול.

אַזוי האָבן ייִדן גערעדט אין דער קלויז,
אין גאַס, אויפֿן מאַרק, בײַ די קראָמען.
אַזוי האָבן מאַמעס גערעדט אין אַ הויז
נאָך מגפֿות, לוויות, פּאָגראָמען.

אַזוי פֿלעגן רעדן קינדערלעך קליינע,
וואָס האָבן מיט מיר געשפּילט זיך אין הויפֿן.
אַזוי האָט געיאָמערט מײַן שכן, מײַן שכנה,
ווען זיי פֿלעגן פֿון שׂרפֿות פֿון וויסטע אַנטלויפֿן.

אַזוי האָבן מאַמעס אין בעטן געקלאָגט
ווען זיי זײַנען שווער געגאַנגען צו קינד.
אַזוי האָט אַ יתום דאָס ערשטע מאָל קדיש געזאָגט.
אַזוי האָט דער צער פֿון מײַן פֿאָלק זיך געשפּינט.

איך קען עס, דאָס קול. איך קען עס פֿון יאָרען
ווען כ׳פֿלעג אויפֿן בויך נאָך קריכן אויף דר׳ערד.
איך קען עס, דאָס קול פֿון אייביקן צאָרן—
כ׳האָב עס אויפֿסניי אין ווינט הײַנט געהערט:

„מיר זײַנען דאָס אַש פֿון טרעבלינקע,
איר קאָנט שוין קיין טיר פֿאַר אונדז מער ניט פֿאַרשליסן.
מיר קומען פֿון ווײַטן אויף פֿליגל, אויף פֿלינקע,
מיר קומען, מיר וועקן, וועלט, דײַן געוויסן.“

Smoke from gray chimneys overhead;
dust of torn blossoms underneath.
I stare at the ashes of six million dead.
O world! it's Jews you breathe!

איך קוק אויף די רויכן פון קוימענס פֿאַרגרויטע.
איך קוק אויפֿן שטויב פון צעריסענע צוויטן.
כ׳זע דאָס אַש דאָרט פון זעקס מיליאָן טויטע.
אָ, וועלט, דו אָטעמסט מיט יידן !

My Mother's Hands

In silence we approached the railroad track,
as kin approach a graveyard with their dead.
In my hands—nothing but a little pack;
in hers—a good word that was hardly said.

Next to me, with lips shut tight, she went
as if she'd never met me till that day;
but when the train began to move, she sent
her quivering hands to help me on my way.

Ten years—ten long, hard years—have come and gone;
of my old home, only a wall now stands.
My city's nothing but a marker on
a map—yet day and night I see two hands.

Two quivering white hands come everywhere.
Not for a moment will they let me be.
Sometimes they grow her head of golden hair;
sometimes they change to mouths and speak to me.

Two hands, two pale hands reach toward me, and grow
out of my limbs. Awakening in wonder,
I count four quivering hands, and with them go
to face with fists the lightning and the thunder!

מײַן מאַמעס הענט

שטילערהייט זײַנען מיר געגאַנגען צו דער באַן,
ווי מען גייט מיט אַ מת צום הייליק-אָרט.
אויף מײַנע הענט—אַ קלומעקל, אַ טשעמאָדאַן,
אויף מײַן מאַמעס—אַ זילב פון אַ גוט וואָרט.

שווייגנדיק האָט מײַן מאַמע מיך געפירט,
ווי זי וואָלט מיך קיינמאָל ניט געקענט,
נאָר ווען די באַן האָט זיך גערירט,
האָט זי מיטגעשיקט מיר אירע ציטערדיקע הענט.

צען יאָר, צען לאַנגע זײַנען שוין אַוועק.
פון מײַן היים געבליבן זײַנען נאָר די ווענט.
פון מײַן שטאָט—אויף דער מאַפּע בלויז אַ פלעק,
נאָר אייביק צאַפּלען פאַר די אויגן מיר צוויי הענט.

צוויי ווייסע הענט באַגלייטן מיך פון פרי ביז שפּעט
און לאָזן אויף אַ רגע מיך ניט אָפּ,—
אָט ווערט אַ מויל פון יעדער האַנט און רעדט,
אָט וואַקסט אויף זיי אַרויף מײַן מאַמעס בלאָנדער קאָפּ.

צוויי הענט, צוויי בלייכע ציִען זיך צו מיר
און וואַקסן אויס אויף מײַנע גלידער.
כ׳שטיי אויף פון שלאָף מיט הענט, מיט צאַפּלדיקע פיר
און גיי מיט זיי אַנטקעגן שטורעם און געוויטער.

Does He Ever Cry?

A tree, hunched in the market's shadow
amid the junkheaps—does he ever cry?
Is he not drawn to the green wood, the meadow,
where nothing shuts away the sky?

A flower in a sixth floor pot—
does she at times let fall upon the pane
a silent teardrop? Does she not
wish she were in the open fields again?

The sun, descending to its deep
valley of twilight—does it sometimes mourn?
A lamb—does she in silence weep
when her coat of wool is shorn?

A caged bird with enough to eat
and comfortable quarters—doesn't he
crave the excitement of the street,
his free nest in a tree?

Perhaps they grieve—or don't—but this I know:
a poet's tears are bitterer than all these
when he must be at work, and cannot go
home to his melodies.

A poet sits at his machine; the day grows dim;
he sees it slipping from his life.
At home a new song waits for him—
there too, for bread, wait child and wife.

ווינט אַמאָל

ווינט אַמאָל אַ בוים, וואָס שטייט אין מאַרק
צווישן חורבות, צווישן מיסטן, צווישן קויט ?
ציט אים ניט צום פעלד, צום וואַלד, צום באַרג,
וואו ס׳זינגט די ערד, וואו הימל בלויט ?

ווינט אַמאָל אין בלומען-טאָפּ אַ קווייט,
און לאָזט אויף שויב אַ שטומע טרער ?
ציט זי ניט צו גרינער בייט,
אין פרייען פעלד, אויף מאַמע-ערד ?

ווינט אַמאָל די זון, ווען זי פאַרגייט
און פאַלט אַראָפּ אין טיפן טאָל ?
ווינט אַמאָל א לאַם שטילערהייט,
ווען מען שערט איר אָפּ די וואָל ?

ווינט אַמאָל אַ פויגל אין אַ שטייג,
וואָס האָט אַ דאַך, אַ היים און קעסט ?
ציט אים ניט צו גאַס, צו בלאַט, צו צווייג
און צו אַ בוים מיט פרייער נעסט ?

ס׳קאָן זיין זיי ווינען, ס׳קאָן זיין אַז ניט,
נאָר ס׳איז קיין טרער ניט אַזוי ביטער
ווי אַ פּאָעטס אין שאַפּ, ווען ס׳האַרץ זיינס ציט
אַהיים צו זיינע לידער.

עס זיצט אַ פּאָעט אין שאַפּ און היט,
ווי דער טאָג ביי אים צערינט.
עס וואַרט אין הויז אויף אים אַ ליד
און ס׳וואַרט אויף ברויט זיין ווייב און קינד.

He feels his poem dying with the years;
amid his tears it drowns and disappears;
but no one witnesses those tears
except the needle and the shears.

ער זעט ווי ס'שטאַרבט אין שאָף זיין ליד
און ווערט דערטרונקען אין זיין טרער,
נאָר קיינער זעט די טרערן ניט,
אַחוץ דער נאָדל און דער שער.

As Long as One Jew's Left to Listen

Sometimes, in solitary moods,
ashamed, I walk the streets; I range
the most remote of neighborhoods,
and every passerby is strange.

No one said: Come across the sea!
No one contributed the fare.
Eyes portrait-cold consider me. . .
Who needs a Yiddish poet here?

I pack my soul and flee the place.
I flee its grim, relentless race.
The notes of a new song vibrate
within me, beg of me: Create!

I walk until the town grows dim.
A tree spreads out its shade to greet me.
A bird salutes me, warbling sweetly.
Why do I not resemble him?

The river: does he ask who hears
his music all these million years?
The tree: has he once asked for whom
his never-tiring branches bloom?

My fate it is to fashion songs,
to wake the world, put gloom to rout.
I've heard mankind bemoan its wrongs.
What reason, then, for me to doubt?

ווי לאַנג ס׳וועט לעבן אויף דער וועלט איין ייד

ס׳טרעפט אַמאָל אין אומעטיקע רגעס
איך שפּרייז אויף גאַסן אַ פאַרשעמטע.
כ׳וואָגל אויס די ווייטסטע שטרעקעס
און אַלע, אַלע זיינען פרעמדע.

ס׳האָט קיינער מיך אַהערצו ניט פאַרבעטן.
ס׳האָט קיינער ניט געשיקט מיר קיין בילעט.
עס קוקן אויגן מיט קאַלטקייט פון פּאָרטרעטן.
ווער דאַרף פון זיי אַ יידישן פּאָעט ?

אַנטלויף איך פון דער שטאָט מיט מיין געמיט.
אַנטלויף איך פון דעם אייביקן געלאַף.
אין האַלדז ציטערט שוין אַ שורה פון אַ ליד
און בעט זיך שוין : „באַשאַף !"

ס׳פאַרגייט די שטאָט אין אומעטיקן גאַנג.
אַ בוים שפּרייט אויס פאַר מיר זיין שאָטן.
אַ פויגל פליט אַנטקעגן מיט געזאַנג.
פאַרוואָס בין איך אין פויגל ניט געראָטן ?

פרעגט אַ טייך אין טיפן טאָל
ווער עס דאַרף זיין אייביק ליד ?
טראַכט אַמאָל אַ בוים דערפון
פאַרוואָס ער וואַקסט, פאַרוואָס ער בליט ?

ס׳איז מיר אַ דיכטער זיין באַשערט,
די וועלט דערמוטיקן און וועקן.
איך האָב דעם צער פון מענטש דערהערט,
פאַרוואָס זאָל איך אַזעלכעס פרעגן ?

My wounds bear witness to the crimes
of traitors since the world began.
For man I sing my Yiddish rhymes—
the god of gods, my fellow-man.

I hurry home with eyes that glisten;
I hurry to my desk again.
As long as one Jew's left to listen,
I shall not lay aside my pen!

עס טראָגט מיין לייב דעם טיפן שניט
פון אַלע פינצטערע פאַררעטער.
איך זינג צום מענטש מיין יידיש ליד—
צום גאָט פון אַלע געטער.

איך לויף אַהיים מיט גיכע טריט.
איך לויף צום שרייב-טיש ווידער.
ווי לאַנג ס'וועט זיין אויף וועלט איין ייד
וועל איך שרייבן מיינע לידער.

Viliar

Viliar's an old Swiss village, where
neither wheat will grow nor corn;
only silence in the square,
and a mist at early morn.

In a vale the village dreams;
round it, webs of green are spun;
and there sing two mother-streams:
Hush now, hush now, little one!

Titan-peaks with beards of snow
bind the earth unto the sky;
on the cliffs forever go
clouds like white brides striding by.

Each hill lugs a wilderness
like a knapsack all its days,
and of dew a flowing dress
sewn together with bright rays.

Leaves are falling—scarlet tears—
and their melancholy sound
can be heard afar and near
as they flutter to the ground.

Neither coal nor fire's to blame,
nor has any branch been scorched—
autumn sets Viliar aflame,
turns each tree into a torch.

ווילי־ַאר

ווילי־ַאר—ַא שטעטל אין דער שווייץ,
וואַקסט דאָ ניט קיין קאָרן, ניט קיין ווייץ,
נאָר אַ שטילקייט אויף די ראָגן
און אַ נעפל אין פאַרטאָגן.

שלאָפט דאָס שטעטעלע אין טאָל,
איינגעשפּינט אין גרינער וואָל,
און צוויי טייכן זינגען צו :
איי לו, לו, איי לו, לו.

ריזן-בערג מיט ווייסע בערד
פאַרבינדן הימל צו דער ערד
און ווייסע וואָלקנדלעך ווי כלות
שפּרייזן אייביק אויף די סקאַלעס.

אַ ווילדער וואַלד אויף יעדן באַרג,
ווי אַ רוק-זאַק אויף זיין קאַרק,
און פון טוי אַ לאַנגע קלייד
מיט העלע שטראַלן אויסגענייט.

ס׳פּאַלן בלעטער—רויטע טרערן
און דאָס פאַלן קאָן מען הערן
פון דער נאָענט און פון דער ווייט
אויף די בערג פון צייט צו צייט.

ניט קיין קוילן, ניט קיין פלאַמען
צינדן צווייגן אויף די שטאַמען,
נאָר דער האַרבסט צעצינדט ווילי־ַאר,
ברענט יעדער בוים ווי אַ פאָנאַר.

Nothing here disturbs your rest
but a cowbell's tinkling song,
or a bird who, past her nest,
lands where she does not belong,

or the shepherd Benuar
at the break of day, when he
wakes the stillness of Viliar,
greeting his young Angeli,

or a wedding in the town
after which, on every street,
daughters blonde and sons baked brown
whirl all night on tireless feet.

Younglings dance, the old dance with them,
stones dance in the thoroughfare,
flowers and cobbles catch the rhythm,
and who don't dance come to stare.

Viliar's an old Swiss village, where
neither wheat will grow nor corn;
only silence in the square,
and a mist at early morn.

ס׳וועקט דאָ קיינער ניט די רו,
חוץ אַ גלאָק אויף האַלדז פון קו,
חוץ אַ פויגל וואָס פאַרגעסט
און פאַרבלאָנדזשעט אין אַ נעסט.

בלויז דער פאַסטוך בענואַר
וועקט די שטילקייט פון ווילאַר,
ווען ער גריסט זיך אינדערפרי
מיט זיין יונגער אַנזשעלי.

בלויז אַ חתונה אין שטעטל
לאָזט אויף יעדן ראָג אַ רעדל
בלאָנדע טעכטער, ברוינע זין
פון פאַרנאַכט ביז אין באַגין.

טאַנצט אַ יונגלינג, טאַנצט אַ זקן,
טאַנצן שטיינער אויף די ראָגן,
טאַנצן קווייטן, טאַנצן ברוקן
און ווער ס׳טאַנצט ניט קומט כאָטש קוקן.

ווילאַר—אַ שטעטל אין דער שווייץ,
וואַקסט דאָ ניט קיין קאָרן, ניט קיין ווייץ,
נאָר אַ שטילקייט אויף די ראָגן
און אַ נעפל אין פאַרטאָגן.

All My Yesterdays Were Steps

All my yesterdays were steps
that led to you and you alone.
My heart was like a harp that slept
until you made the strings your own.

So many years had come and gone;
no part of it do I remember.
You found my lamps, you turned them on,
and pulled my yesterdays from slumber.

My rusting loneliness explodes
as bark does on a sap-rich tree.
I'm ripe as summer's loaded woods.
As if in waters pure and free

I swim astride the waves of Time.
I sing the song of bliss to you.
Beside you, heaven's not far to climb
and reaching heaven is easy too.

אַלע מיינע נעכטנס זיינען שטיגן

אַלע מײַנע נעכטנס זיינען שטיגן
וואָס האָבן נאָר צו דיר, צו דיר געפירט.
ס'האָט מײַן האַרץ ווי אַ האַרפע אַ שטומע געשוויגן,
ביז דו האָסט די סטרונעס פון האַרץ מײַנעם באַרירט.

אַזויפיל יאָרן זענען געקומען און פאַרשוווּנדן.
כ'ווייס נישט זייער אָנהייב און זייער סוף,
ביז דו ביסט געקומען די לאָמפּן אָנגעצונדן,
און אַלע נעכטנס אויפגעוועקט פון שלאָף.

פלאַצט אויף מיר דער אַלטער, זשאַווערדיקער אומעט,
ווי אויף אַ בוים אַ זאַפטיקן די קאָרע.
איך בין רײַך, ווי מיט פּירות צײַטיקע דער זומער.
ווי אין אַ קוואַל מיט וואַסערן קלאָרע.

איך שווים אויף די כוואַליעס פון דער צײַט.
דאָס ליד פון פרייד צו דיר איך זינג.
מיט דיר איז דער הימל גאָרנישט ווײַט.
מיט דיר איז דאָס גרייכן אַזוי גרינג.

Shed No Tears

Shed no tears for what remains
when they lay me six feet under.
I hate tears as much as chains,
and I hate chains as the stag detests his hunter!

Leave no flowers to bedeck me;
they will do me little good.
They're not likely to awake me,
and you'll get no word of gratitude.

If you want to give me pleasure,
if you love me as before,
send me roses now to treasure,
come with love now to unlock my door.

Let no tombstone be assigned me;
life itself has been a stone.
Those who look for me shall find me;
they will hear my heartbeat in their own.

I enjoy the greening steppe,
and the fields, each flower a gem.
There I've neither sighed nor wept;
let my ash be scattered over them.

In the wind's arms let me go,
comrade to the marching throng;
there—where I can't meet the foe—
let my ashes be the final song!

ניט מיט טרערן

ניט מיט טרערן זאָלסטו מיך באַגלייטן
צו מיין לעצטן, צו מיין אייביקן געלעגער.
טרערן פיינט כ׳האָב דאָך ווי קייטן,
און קייטן ווי אין וואַלד אַ הירש דעם יעגער.

ניט מיט בלומען זאָלסטו מיך באַדעקן.
וואָס טויג, וואָס טויג אַזאַ געשאַנק ?
זיי וועלן סיי-ווי מיך שוין ניט דערוועקן
און כ׳וועל ניט קאָנען זאָגן דיר אַ דאַנק.

אויב דו ווילסט מיר ברענגען גליק,
אויב ס׳קלאַפּט דיין האַרץ נאָך אַלץ פאַר מיר—
היינט מיר, ליבער, אַלע רויזן שיק,
היינט מיט ליבשאַפט עפן אויף מיין טיר.

קיין מצבה זאָלסטו מיר ניט שטעלן.
דאָס לעבן איז געוועזן מיר אַ שטיין.
ווער געפינען ס׳ וועט מיך וועלן,
זאָל זוכן מיך אין זיך אַליין.

כ׳האָב ליב אין סטעפּ די גרינע גראָזן.
כ׳האָב ליב אין פעלד אַיעדע קווייט.
כ׳האָב דאָרט מיין צער, מיין טרער געלאָזן,
דאָרט מיין אַש אויף זיי פאַרשפּרייט.

זאָל דער ווינט מיך ווייטער טראָגן
ביינאַנד מיט מחנות שפּרייזנדיקע טריט,
און דאָרט וואו כ׳קאָן זיך מער ניט שלאָגן,
מיין אַש זאָל זיין דאָס לעצטע ליד.

The Most Tender Rose

Sharp are the thorns of the most tender rose;
tender too am I, and sharp as she—
who plucks one from its bush forever knows
how fierce the fury of a rose can be.

Every sea is wroth and mild by turn;
I too can turn from peace to war—
whoever's sported with the sea shall yearn
for rivulets no more.

Every desert has oases on its breast,
but not everyone can find those places.
To some I am a dry and barren waste,
and to some a cooling, flowering oasis.

The brightest sun's not free of stain.
I, like the sun, am stained and bright.
Whoever comes my way with clouds and rain
will find upon my sill no ray of light.

די צאַרטסטע רויז . . .

די צאַרטסטע רויז האָט שטעכעדיקע שפּיזן.
איך בין צאַרט און שטעכעדיק ווי זי.
ווער ס'האָט פון קוסט אַ רויז אַמאָל געריסן,
ווייסט דעם טעם פון רויזיקן געברי.

יעדער ים איז צאָרנדיק און מילד.
איך בין מילד און צאָרנדיק ווי ער.
ווער ס'האָט מיט ים זיך שוין געשפּילט,
דעם ציט צו טייכעלעך ניט מער.

יעדער מדבר האָט אָאַזעס אויף זיין ברוסט,
נאָר ניט אַלע קאָנען זיי געפינען.
פאַר ווּעמען איך בין מדברדיק און פוסט,
און פאַר ווּעמען אַ אָאַזע, אַ קוואַליקע, אַ גרינע.

די העלסטע זון איז פול מיט פלעקן.
איך בין ווי זון פלעקנדיק און העל.
ווער עס קומט מיט כמאַרעס און מיט רעגן,
וועט די זון ניט טרעפן אויף מיין שוועל.

With Open Eyes (1955)

With Open Eyes

With open eyes I stride the earth;
to its jammed lock I hold the key;
each spring salute my own rebirth,
kin to each blade of grass, each tree.

The woods—my grandpa; the young sea
—my cousin. Each of them in turn
unlocks its deepest mystery—
and how to storm, to green, I learn.

I lift the veils off moon and sun,
measure the cunning of the bee,
am taught by all things, everyone,
and wisdom everywhere I see.

Amazed I view a field of white
that waits through winter for the May
when all that wilts and suffers blight
will bloom again, refreshed and gay.

I learn persistence from the field:
to dig more deeply with my roots,
endure the winter, never yield,
and be reborn with stronger shoots.

Out of the rock, one root alone
stretches and scratches toward the air
until it splits the mightiest stone
and a new tree is growing there.

מיט אויגן אָפּענע

מיט אויגן אָפּענע דורך וועלט איך גיי
מיט שליסל צו איר לאַנג פאַרהאַקטן שלאָס.
מיט יעדן פרילינג איך גריס זיך און דערפריי
אַ קאָרעוו ס'איז אַ בוים מיר און אַ גראָז.

ס'איז דער אַלטער וואַלד מײַן זיידע,
דער יונגער יאַם מײַן שוועסטערקינד.
איך קום און לערן זיך באַ ביידע
ווי מען שטורעמט, ווי מען גרינט.

איך פאָרש די סוידעס פון די שטערן,
איך מעסט די קלוגשאַפט פון דער בין,
פון אַלץ, פון אַלעמען איך לערן
און כאָכמע אומעטום געפין.

מיט ווונדער כ'קוק אַף ווײַסן פעלד,
וואָס וואַרט דורך ווינטער אַפן מײַ,
ווען אַלץ וואָס וויאַנעט און וואָס געלט,
בליט פונאַנדער זיך אַפסנײַ.

פון פעלד פאַראַקשנט זײַן איך לערן.
טיפער וואָרצלען מײַנע ציִען
און נאָך ווינטער נאָך אַ שווערן
איך זאָל שטאַרקער קאָנען בליִען.

פון פעלדז אַ וואָרצל אַ פאַרדאַרטער,
ציט און דראַפּעס זיך צום רוים,
ביז דעם האַרטן שטיין צעשפּאַרט ער
און עס וואַקסט אַרויס אַ בוים.

Just as through rock a tree will bloom,
through walls of lies the truth will pass;
he who sees nothing else but doom
should hide his visage from the grass.

ווי בוים אַ פעלדז, דער עמעס וועט
דעם סוינעס ליגן-ווענט צעשפּאַלטן
און דער ווער אומקום שטענדיק זעט
פֿאַר גראָז זײַן פּאָנעם זאָל באַהאַלטן.

Tennessee

Early sounds the reveille
for the sun in Tennessee—
it's the Mississippi's tune
gets the night to rouse so soon.

Trees are fanlike there, the sky
far more blue and far more high;
dawn comes beautiful and clear,
and the springtime lasts all year.

As if yeast-fed, forests grow;
and the streams—blue ribbons—flow,
bringing secrets to far places,
telling strangers of all races

that on lanes, hair-partings white,
torches set ablaze the night;
white "lords" robed in regal garments
drag young blacks to die in torment;

that in lovely Tennessee
upon many a blooming tree
hands of blacks are bound up tight
and their wounds are crows' delight.

Only the white moon in shame
studies the white hands of Cain
and the wind—the postman—brings
to the world the black man's screams.

טענעסי

אין דער שיינער טענעסי
שטייט די זון אויף זייער פּרי,
ווײַל דער מיסיסיפּיס ניגן,
לאָזט די נעכט דאָרט לאַנג ניט ליגן.

זײַנעןביימער דאָרט ווי פֿעכער
און דער הימל בלויער, העכער,
די באַגינענס לויטער, קלאָר,
בלײַבט דאָרט פֿרילינג ס'גאַנצע יאָר.

וואַקסן וועלדער ווי אַף הייוון
און די טײַכן—בלויע שלייפֿן
פֿירן סוידעס צו דער ווײַט
און דערציילן פֿרעמדע לײַט,

אַז אַף שליאַכן—ווײַסע שרינדן
רויטע פֿאַקלען נעכט צעצינדן.
אין כאַלאַטן ווײַסע "לאָרדן"
פֿירן נעגער צום דערמאָרדן.

אַז אין שיינער טענעסי,
אַף די ביימער פֿול מיט בלי
הענגען נעגער-הענט געבונדן
און עס פּיקן קראָען וווּנדן.

נאָר די לעוואָנע קוקט פֿאַרשעמט
אַף דעם נײַעם קאַיִנס הענט
און דער ווינט—דער בריוול-טרעגער
ברענגט דער וועלט דעם קרעכץ פֿון נעגער.

A Tune

Not a bag of silver ducats,
no antiques, no jewelled lockets,
were my father's dying boon,
but an obstinate old tune.

It was not some beggar's tune
sung at corners night and noon;
where my people won, these notes
poured in triumph from their throats.

My father shared this tale with me;—
through bars he heard the melody:
somebody condemned to death
bequeathed it with his dying breath.

In the ghetto, while yet young,
my mother parted from the song;
and with each final shot it came
as house by house went up in flame.

Right up to Berlin it ran
with my brother; that brave man
took a bullet and was done,
but unharmed the tune went on.

From land to land great-grandpa passed;
the tune came with him to the last.
On grandpa's bones the flowers bloom,
but live as ever leaps the tune.

אַ ניגון

ניט קיין זילבערנע דוקאַטן,
ניט קיין זעלטענע אַנטיקן
כ'האָב געיאַרשנט פון מײַן טאַטן,
נאָר אַן אַלטן, אײַנגעשפּאַרטן ניגן.

ס'איז ניט גלאַט אַזוי אַ ניגן
פון אַ בעטלער אַף די ראָגן.
ווו איך הער מײַן ברודער זיגן,
האָט זײַן פאָלק אים דאָרט געטראָגן.

ס'האָט מײַן טאַטע מיר פאַרטרויט;—
ער האָט דורך גראַטעס אים געהערט.
אַ פאַרמישפּעטער צום טויט
געלאָזט האָט אים אַף דער ערד.

מיט מײַן שטילער יונגער מאַמען
ער האָט אין געטאָ זיך צעשיידט,
און פון יעדן הויז אין פלאַמען
די לעצטע קויל באַגלייט.

ביז בערלין איז ער געלאָפן
מיט מיין ברודער דעם סאָלדאַט, .
ס'האָט אַ קויל אים דאָרט געטראָפן,
נאָר דעם ניגן ניט געשאַדט.

מיט מײַן ווײַסן עלטער-זיידן
ער האָט דורך לענדער זיך געשלעפּט.
אַף מײַן זיידן וואַקסן לאַנג שוין קווייטן,
נאָר דער אַלטער ניגן לעבט.

I Bring You, Momma

I bring you, momma, to your resting-place.
Like you I hide my grief away
behind the mask that is my face.
I am myself your candle on this day.

Your death-ride modest, as were all your years.
No friends, no flowers to encumber
your journey, and no tears
to vex your slumber.

Only a pair of old folks I don't know,
who live not far, have tear-filled eyes.
Behind the hearse they go,
half-dejected, half-surprised.

I bring you, momma, to your resting-place,
and see you striding up and down
with baskets full of cares, with quiet pace,
over the ruins of my town.

The blueness of your glance
squalor sucked out while in your infant bed;
your quivering white hands
were burned out by the dismal life you had.

Momma, you never laughed. One year I thought you
might yield to birthday roses—but no smile
came even then to greet the gift I brought you;
instead you started crying like a child.

כ׳באַגלייט דיך, מאַמע

כ׳באַגלייט דיך, מאַמע, צו דײַן לעצטער רו.
דעם צאַר באַהאַלטן כ׳טראָג ווי דו
אונטער הויט פון מײַן געזיכט.
איך בין אַליין דײַן יאָרצײַט-ליכט.

דײַן לעצטער וועג, ווי דײַן לעבן איז באַשיידן.
ניט קיין פרײַנט, ניט קיין קווייטן
און ניט קיין טרערן
וועלן רו דײַנע צעשטערן.

עס וויינען נאָר צוויי פרעמדע, אַלטע לײַט
וואָס ווּינען דאָ ניט ווײַט.
זיי גייען נאָך דעם טויטן-וואָגן
האַלב פאַרכידעשט, האַלב דערשלאָגן.

כ׳באַגלייט דיך, מאַמע, צו דײַן לעצטער רו
און זע דיך שפּרײַזן ערגעץ ווו
מיט קוישן זאָרג מיט שטילן טראָט
איבער כורוועס פון מײַן שטאָט.

די בלויקייט פון דײַן בליק,—
עס האָט דער דאַלעס אויסגעזויגן דיך אין וויג,
דײַנע ווײַסע, ציטערדיקע הענט,—
האָבן יאָרן פינצטערע דיר אויסגעברענט.

האָסט, מאַמע מײַנע, קיינמאָל ניט געלאַכט,
כ׳האָב אַמאָל צו דײַן געבורטסטאָג רויזן דיר געבראַכט.
אַ שמייכל אַף דײַן פּאָנעם אַרויסשפּינען געמיינט,
און דו האָסט, ווי אַ קינד, זיך גאָר צעוויינט.

No matter where I go, that teardrop goes.
I hear your murmur everywhere:
"What good, my child, is a red rose
in a cellar, cramped and bare?"

I bring you, momma, to your resting-place.
Look, they're covering your grave with loam
and cannot guess
that I am carrying you home.

Only your grief was Death allowed to bury.
Out of his arms I take a blonde young girl
and run home with you from the cemetery
to claim the laughter owed you by the world.

דײַן טרער פֿון יענעם טאָג מיך אומעטום באַגלייט.
איך הער נאָך אַלץ די שטילע רייד:
"וואָס טויג, מײַן קינד, אַ רויטע רויז
אין אַ פּוסטן קעלער-הויז?"

כ'באַגלייט דיך, מאַמע, צו דײַן לעצטער רו.
זע, זיי דעקן שוין דײַן קייווער צו
און ווייסן ניט
אַז כ'נעם אַהיים צוריק דיך מיט.

ס'האָט טויט דײַן צאַר געקראָגן בלויז.
איך נעם אַ יונגע, אַ בלאָנדע פֿון זײַנע אָרעמס דיך אַרויס
און לויף אַוועק מיט דיר פֿון טויטן-פֿעלד
דײַן געלעכטער אויפֿמאָנען באַ וועלט.

I Am a Shepherd

I am a shepherd, and pasture days
on the green dreams of my tomorrow.
While I left the lambs to graze,
a wolf devoured them—to my sorrow.

Of the white days like lambs of white
only a melody is mine.
I am condemned to crave all night
his eyes' intoxicating wine.

Like a hunter he came by
and left a wound within my breast.
Now the wind's my groom, and I
have no pillow but unrest.

My nights—wild oxen, fierce of hoof;
I—the bearer and the borne.
I lift myself and tumble off.
The world carries me on its horns.

My body—golden as a stalk that's bursting;
my heart—a well that cobwebs have sealed up,
from which, yearslong, no throat that's thirsting
has drunk a single drop.

I am a shepherd, and pasture days
on the green dreams of my tomorrow.
While I left the lambs to graze,
a wolf devoured them—to my sorrow.

איך בין אַ פּאַסטוך

איך בין אַ פּאַסטוך און פּאַשע טעג
אַף גרינע טרוימען פֿון מײַן מאָרגן,
האָט אַ וואָלף אינמיטן וועג
מײַנע שעפּעלעך דערוואָרגן.

פֿון ווײַסע טעג ווי ווײַסע שאָף
געבליבן איז אַ ניגון.
און די בענקשאַפֿט איז מײַן שטראָף
פֿאַרן ווײַן פֿון זײַנע בליקן.

ער איז געקומען ווי אַ יעגער
און אַ ווונד אין ברוסט געלאָזן.
איז הײַנט אומרו מײַן געלעגער
און דער ווינט איז הײַנט מײַן כאָסן.

מײַנע נעכט—ווילדע אָקסן אין גאַלאָפּ
איך—דער רײַטער און דאָס פֿעלד.
איך הייב זיך אויף און פֿאַל אַראָפּ,
עס טראָגט אַף הערנער מיך די וועלט.

מײַן לײַב—רײַף און גאָלדיק ווי אַ זאַנג.
מײַן האַרץ—אַ ברונעם מיט שפּינוועבסן פֿאַרוועבט,
ווו ס׳האָט אַ דורשטיקער שוין לאַנג
אַ טרונק דאָרטן געשעפּט.

איך בין אַ פּאַסטוך און פּאַשע טעג
אַף גרינע טרוימען פֿון מײַן מאָרגן.
האָט אַ וואָלף אינמיטן וועג
מײַנע שעפּעלעך דערוואָרגן.

Caroline

Sunk entirely in her labor
under clouds of steam, of vapor,
sits a young black woman, bowed
like the sun behind a cloud.

Amid eyes that hotly glare
on the velvet flowers there
one can hear the hushed refrains
of a nation held in chains.

As her needle leaps along,
she will sometimes sing a song:
"Go to Egypt, Moses, go!
Free my people from their woe!"

With her songs she always brings
a bag of bread, and as she sings
gulps down the music she loves most
together with her bits of crust.

Lithe and slender is her shape,
and her face—like honeycake;
but she looks like one who feels
danger skulking at her heels.

Caroline, ah Caroline—
in her eyes an unrest shines.
At dawn it comes with her to work,
and home she brings it after dark.

קעראָלײַן

אין דער אַרבעט טיף פֿאַרזונקען,
אונטער וואָלקנדלעך פֿון פּאַרע
זיצט אַ נעגערן אַ יונגע,
ווי די זון אונטער אַ כמאַרע.

צווישן פֿיבערדיקע בליקן,
אַף סאַמעט, שטרוי און קווייטן
וואַנדערט אום אַ שטילער ניגון
פֿון אַ נעגער־פֿאָלק אין קייטן.

ס'טאַנצט איר נאָדל אין געניי
און זי זינגט אַמאָל דערבײַ:
"גיי מוישע, קיין מיצראַיִם גיי
און פֿון יאָך מײַן פֿאָלק באַפֿרײַ."

לידער ברענגט זי שטענדיק מיט,
און ברויט אַ זעקעלע אין האַנט,
שלינגט באַטאָג דעם קלאַנג פֿון ליד
מיט פּיסנע סקאָרינקלעך באַנאַנד.

שלאַנק איז קעראָלײַן און דאַר,
ווי האָניקלעקעך איר געזיכט,
נאָר זי קוקט, ווי אַף געפֿאַר
זי וואָלט שטענדיק זיך געריכט.

קעראָלײַן, אוי קעראָלײַן,
אומרו טראָגט זי אין איר בליק,
זי ברענגט עס פֿרי אין שאַפּ אַרײַן,
און נעמט עס שפּעט אַהיים צוריק.

The Ballad of Little Rock (1959)

To the Children of Little Rock

Black children, caged in ghetto neighborhoods,
banished from love, scalded and broiled by hate,
you scratch and stretch your way like bristling buds
stubbornly sunward through the high, hard grate.

With thirsting lips and deep, supernal eyes,
you tunnel with me through my darkest nights,
and give my heart a look that never lies—
until the gloom withdraws, and there is light.

Like lonely vessels heading shoreward, tossed
and driven by the tempests of the main,
through tides of hate you lost ones lead the lost,
teach shrivelled hearts to trust and love again.

Black children, used to lives of gloom and need,
tomorrow in my country you'll bring joy to birth,
when at one feast all humankind shall feed
and, as in heaven, every star will blaze on earth.

צו די קינדער פון ליטל-ראָק

קינדער, איר שוואַרצהויטיקע, אין געטאָס פינצטערע פאַרשפּאַרטע,
פון ליבע לאַנג פאַרשטויסענע, פון האַס געשרפּעט און געבריט,
ווי קנאָספּן שטייפע דורך די פלויטן הויכע, האַרטע,
צו דער זון, פאַרעקשנטע, איר דראַפּעט זיך און ציט.

מיט ליפּן דורשטיקע און אויגן טיפע, הערלעכע
די נעכט, איר, ווי טונעלן לאַנגע, מיר באַגלייט;
און קוקט אין האַרצן מיינס אַריין מיט בליקן ערלעכע,
ביז ווייט די פינצטערניש רוקט אָפּ זיך און פאַרגייט.

ווי זעגלשיפלעך איינזאַמע, וואָס ציען זיך צום ברעג,
פון שטורעמס ימיקע געשליידערט און געטריבן,
דורך שנאה-שטראָם איר ווייזט, פאַרלאָרענע, דעם וועג,
און לערנט הערצער איינגעשרומפּענע צו גלויבן און צו ליבן.

קינדער, איר שוואַרצהויטיקע, מיט נויט און פינצטערניש געפּלעגט,
איר וועט מאָרגן פרייד אין לאַנד מיינעם געבערן,
ווען זיצן יעדער מענטש ביי טישן וועט מיט ליבע פול געדעקט,
און לייכטן אויף דער ערד וועט, ווי אין הימל, יעדער שטערן.

Toward Being Human (1965)

I Love

I love the quiet, friendly mood of brother
and sister, how they act toward one another,
when open is the heart, simple the speech,
and joy the dearest ornament of each,
when here and there an unexpected glow
salutes you on a face that smiles hello
and all at once a laughter splashes out
just like the splashing of a river trout
that in a flash will disappear from sight
only to leap back up into the light.

I love the mood, high-spirited and young,
when someone's laughter makes you laugh along,
and though you don't know why, warm feelings win you,
you hear the opening of each lock within you,
and unbound, undisturbed, a love flows forth
as does the springtide sprouting of the earth,
and you refuse to cover any blot
or blemish—let men notice it or not;
naked you stand, the gold of you, the clay,
as at the sea on a hot summer day.

I love the broad, inspiring mood, when you
no longer feel the pain that thrusts you through;
out of yourself you finally can leap
and part with everything that's mean and cheap;

כ׳האָב ליב

כ׳האָב ליב דאָס שטילע פרידלעכע געמיט
צווישן שוועסטער, ברידער אין דער מיט,
ווען אָפּן איז דאָס האַרץ, פּשוטע די רייד,
און צירונג טייערסטע—די פרייד,
ווען ס׳גריסט דיך דאָ און דאָרטן אומגעריכט
אַ שמייכל פריינדלעכער אויף אַ געזיכט
און אַ געלעכטער שפּריצט ארויס צוגלייך
ווי דאָס פּליעסקען פון א פישל אין א טייך
און פארשווינדט אין די טיפן פון א בליק
אומצוקערן ווידער זיך צוריק.

כ׳האָב ליב דאָס יונג, דאָס גוטמוטיק געמיט,
ווען איינער לאַכט און דו לאַכסט מיט,
ווען ס׳איז דיר גוט, נישט ווויסנדיק פאַרוואָס,
הערסט ווי ס׳ עפנט זיך אין דיר אַ יעדער שלאָס,
און ס׳פּליסט אַ ליבשאַפט אומגעצאַמט, אומגעשטערט,
ווי אין פרילינג—שפּראָצונג פון דער ערד,
און זוכסט נישט דיינע שאָטנס, דיינע פלעקן,
פאַר קיינעס צו פאַרהילן און פאַרדעקן.
נאַקעט שטייסט מיט אַלעם גוטן, אַלעם בייזן,
ווי פאַר דעם ים אין א זומער-טאָג אַ הייסן.

כ׳האָב ליב דאָס ברייט, דערהויבנדיק געמיט,
ווען פילסט קיין ווייטיק אייגענעם שוין נישט,
אַרויסשפּרייזן דו קענסט פון זיך אַליין,
צעשיידן זיך מיט אַלץ וואָס נישטיק און געמיין,

when vigor rushes through your veins—you stand
ready to lift a mountain with one hand,
to stop a wall of fire with your chest
and unseduced endure whatever test,
in such a world, in such a land, an era,
when to stay human you must be a hero!

װען גבורה ריזלט אין דײַן בלוט און דו װערסט שטאַרק,
אַז אױפֿהױבן געקענט װאָלסטו אַ באַרג,
אַ פֿײַער-װאַנט פֿאַרשטעלן מיט דײַן גוף
און אומגעשטרױכלט דורכגײן יעדן פּרוּװ,
פֿון דור דעס גרױזאַמען אין ראַנגלענדיקער װעלט,
װען בלױז צו בלײַבן מענטש, זײַן דו מוזט אַ העלד.

A Dream Needs His Rest Too

In the dove-din of early-cooed-forth dreams
my own dream flies.
Day in, day out
I free him from the nest at dawn
to fly about
and go where I myself could not have gone.
I look out through the pane
of Time, and guard him
lest someone's trickery
has caged and barred him.
Anxiously,
in hours of hurricane,
I wait for him to head back home again
with scents and colors from afar for me.
At dusk, after the sun has sunk from sight,
when young clouds weary of their wanderings
lie down upon the roofs of night,
when I take off the day like a soiled shirt
and close the shutters of my heart
and put my voiceless shadow on my lap,
my dream returns from its far flight.
I bind his wounds,
wash the dust from his wings,
and in my arms I cradle him,
because like me, like you,
a dream
needs his rest too.

עס דאַרף אַ חלום אויך די רו

אין טויבן-שלאַק פון יונג-צעוואָרקעטע חלומות
מיין חלום פליט.
טאָג איין, טאָג אויס
איך לאָז באַגינען אים פון נעסט ארוים
פליען ער זאָל דאָרט אַהין,
ווו מיר ס׳איז נישט באַשערט.
דורך שויב פון צייט איך קוק
און היט
צי קיינער האָט אין שטייגן נישט פאַרנאַרט אים,
מיט אומגעדולד
אין געוויטערס איך דערוואַרט אים,
אומקערן ער זאָל צוריק זיך צו דער ערד
און ריחות מיר און פאַרבן ברענגען פון דער וויט.
פאַרנאַכט נאָך זון-פאַרגאַנג,
ווען יונגע וואָלקנדלעך פון וואַנדער מיד
ליגן אויף די דעכער פון דער נאַכט,
ווען כ׳טו פון זיך דעם טאָג ווי העמד אַ קויטיקס אויס,
די לאָדנס פון האַרצן פאַרמאַך,
און נעם מיין שאָטן, מיין שטומען אויפן שויס,
קערט מיין חלום צוריק צו מיר זיך אום.
די וווּנדן זיינע איך פאַרבינד,
דעם שטויב פון פליגל איך פאַרוואַש
און פאַרוויג אויף די הענט אים ווי א קינד,
ווייל פונקט ווי איך,
ווי דו,
עס דארף אַ חלום
אויך זיין רו.

The Gardener

The gardener must give his garden care.
He's got to rip the weeds up, root and all,
so that flowers can grow freely there,
so that the rose can wake and shoot up tall.

The farmer ploughs his acres every year
and opens wide the bowels of the earth,
so that she'll see herself utterly bare
with all that she has blindly brought to birth.

The fury which the mountain hides within
from every new typhoon that he has swallowed,
at last he pushes out with a great din
and feels much better in the years that follow.

But it is hard to be your own heart's warden,
to rip the weeds up early so that later
no spiteful thorns will sprout to vex the garden,
and wrath won't boil inside you like a crater.

דער גערטנער

דער גערטנער אָפּט פּיעלען מוז זיין גאָרטן.
דאָס ווילדגראָז מיטן וואָרצל ער רייסט אויס,
אַז וואַקסן פריי די בלומען זאָלן דאָרטן,
אַז בליען פרי אויף שטענגלעך זאָל די רויז.

דער פּויער יעדן יאָר דאָס פעלד צעאַקערט
און אָפּן לאָזט די טיפן פון דער ערד,
אַז קענען זי זאָל זען אליין זיך נאַקעט,
מיט אַלץ וואָס זי האָט בלינדערהייט גענערט.

דעם צאָרן, וואָס דער באַרג אין זיך באַהאַלט
פון יעדן איינגעשלונגענען טייפון,
ער שפּאַרט געהיים ארויס פון זיך מיט גוואַלד
און גרינגער אים עס ווערט געוויס דערפון.

נאָר פּיעלען ס'איז דאָס האַרץ דאָס אייגנס שווער,
און אויסרייסן דאָס ווילדגראָז ווי פון לאַן,
נישט וואַקסן דאָרט קיין דערנער זאָלן מער,
און מיט צאָרן בלינד נישט זידן ווי ווולקאַן.

A Little Crumb of Laughter Gives Him Fright

From childhood I have kept despondency
hidden, as lashes keep one's tears from sight.
Without a sound he waits to strangle me
when I'll have lost the will to fight.

He guards and gauges night and day.
He waits until I'll be alone,
until my last friend's gone away
and from my pane the sun is gone.

In poppa's eyes, brimful of prayer,
I saw him first, and when I looked
at grandpa's long white hair.
From momma's breast it was his bile I sucked.

He guards me like a sentry day and night,
and matches every step I take.
But a little crumb of laughter gives him fright,
and—because I love the world—he quakes.

ער שרעקט זיך פֿאַר אַ קרישקעלע געלעכטער

דעם אומעט כ׳טראָג אין זיך פֿון קינדווייז אָן,
ווי אונטער וויעס באַהאַלטענע די טרערן.
ער וואַרט מיך שטילערהייט א וואַרג צו טאָן,
ווען קענען כ׳וועל זיך מער נישט ווערן.

ער היט און מעסט די נעכט, די טעג,
ער וואַרט ביז בלייבן כ׳וועל אַליין;
ביז פֿריינד דער לעצטער וועט אַוועק,
ביז זון אין פֿענצטער וועט פֿארגיין.

צום ערשטן מאָל דערזען אים קלאָר
איך האָב אין טאַטנס פֿרומע אויגן,
אויף מיין זיידנס לאַנגע, ווייסע האָר,
כ׳האָב אים פֿון ברוסט מיין מאַמעס אויסגעזויגן.

טאָג און נאַכט ער היט מיך ווי אַ וועכטער
און יעדן טראָט מיט מיר בייַנאַנד ער שטעלט.
נאָר ער שרעקט זיך פֿאַר א קרישקעלע געלעכטער,
נאָר ער ציטערט פֿאַר מיין ליבשאַפֿט צו דער וועלט.

Autumnal Storm

In a blinding white autumnal storm
a lost wind somehow blundered to my door
and with ragged wings half-torn
ripped into my heart with his wild roar.

What might have brought him here to me
I never asked him to explain.
I dressed his deep wounds tenderly
and did no more than soothe his pain.

I taught him how to value rest,
which is the child that comes of love,
and drove away the wanderlust
that only winds are creatures of.

All my secrets I revealed,
as if we had been long befriended.
All his wounds at last are healed;
but his illness has not ended.

He reeks of thunder; to and fro
he strides now with impatient wing.
I am the guardian of his woe,
and of my loneness he is king.

האַרבסטיקער זאַווײ

אין אַ בלינדן האַרבסטיקן זאַווײ
ס׳האָט אַ ווינט פֿאַרבלאָנדזשעט צו מײַן טיר
און מיט צעפּליקטע פֿליגל צווײ
אין האַרץ אַרײַנגעריסן זיך צו מיר.

איך האָב קײנמאָל נישט געפֿרעגט אים,
וואָס אים געבראַכט עס האָט אַהער.
איך האָב די וווּנדן נאָר געפּלעגט אים,
דעם פּײַן געלינדערט און נישט מער.

אויסגעלערנט כ׳האָב אים ליבן
די רו, וואָס ליבשאַפֿט נאָר געבערט,
און דעם וואַנדער־לוסט פֿאַרטריבן,
וואָס צו ווינטן נאָר געהערט.

אַלע סודות כ׳האָב פֿאַרציילט אים,
ווי געקענט כ׳וואָלט אים שוין לאַנג.
אַלע וווּנדן כ׳האָב פֿאַרהײלט אים,
נאָר געבליבן ער איז קראַנק.

ער שמעקט מיט ריחות פֿון געוויטער,
ער שפּאַנט מיט אימפּעט פֿון ווירוואַר.
איך בין פֿון פּײַן אַצינד זײַן היטער,
און ער פֿון אײנזאַמקײט מײַן האַר.

I Saw a Swallow in Its Flight

I saw a swallow in its flight
and thought it always would be soaring.
I saw a rose that blossomed bright,
believed its bloom would be enduring.

Within a field I saw a tree,
believed it would forever flourish.
A dream unfolded once for me,
was sure that it would never perish.

I am the bird with wounded breast,
the tree storm-bent and blown about,
the flower plundered from its nest,
the lovely dream with eyes knocked out.

Deep in my heart a wind may grieve
with seven howling mouths of woe,
but—like a child—I still believe,
open to trust and love as long ago.

איך האָב אַ שוואַלב געזען אין פלי

איך האָב אַ שוואַלב געזען אין פלי,
געמיינט אַז זי וועט שטענדיק פליען.
איך האָב אַ רויז געזען אין בלי,
געטראַכט אַז זי וועט אייביק בליען.

איך האָב אין פעלד געזען אַ בוים,
געדענקט ער וועט שטענדיק אַזוי שטיין.
איך האָב געשפּינט אַמאָל אַ טרוים,
געמיינט ער וועט קיינמאָל נישט פאַרגיין.

איך בין די שוואַלב מיט וווּנד אין ברוסט,
דער בוים פון שטורעם אויסגעבויגן,
די בלום—אַראָפּגעריסענע פון קוסט,
דער טרוים מיט אויסגעהאַקטע אויגן.

טיף אין האַרץ עס קלאָגט אַ ווינט
מיט מיילער וואיענדיקע זיבן,
נאָר גלויביק כ׳בין נאָך ווי אַ קינד,
און גרייט נאָך אַלץ, צו טרויען און צו ליבן.

Song of the Quicksand Generation (1973)

Song of the Quicksand Generation

1. *Night—A Rocky Island in Mid-Sea*

Night—a rocky island in mid-sea
smacked and slapped by salty straps.
Rain beats at the pane—horseshoes on the highway,
the horses red, the riders black.
Shadows twist in agony.
Thin winds in highboots hack
oaks into firewood with moon-blades.
Hunchbacked storks drag stars down
to watery graves.

*

Far-off the town—
a field of poppy flame.
The sky—a hill of rubbish reeking.
Dusk—a black ravenous rooster, raking
for one poor grain in vain.

*

Plundered, plucked clean, harried and humbled,
my chestnut tree at the window moans.
Enmeshed by ghosts the branches tremble
and out of them fall tears of stone.

Above me a cyclone's eye, with dreams
dangling at rope's end, strangled and strung.
Frozen we face each other. It seems

געזאַג פון זינקזאַמד דור

1. די נאַכט— אַן אינדזל שטיינערנער אין מיטן ים

די נאַכט— אַן אינדזל שטיינערנער אין מיטן ים
מיט רימענס זאַלציקע געשמיסן און געפּאַטשט.
קלאַפּט אין שויב אַ רעגן—פּאַדקעוועס אויפן שאָסיי.
רויטע פערד. שוואַרצע רײַטער.
שאָטנט אין יסורימדיקן געדריי.
דאַרע ווינטן אין הויכע שטיוול
האַקן מיט לבנה-העק דעמבעס פּאַר שײַטערס.
האָרבאַטע בושלען שלעפּן שטערן
צום דערטרינקען.

*

פון ווײַטן די שטאָט—
אַ פעלד מיט רויט-צעבליטן מאָן.
דער הימל—אַ באַרג צעראָיעטער מיסט.
די שקיעה—אַ שוואַרצער הונגעריקער האָן
גראַבלט און זוכט אַ זאָט, אומזיסט.

*

כליפּעט מײַן קאַשטאַן-בוים אין פענצטער,
אַ צעדריקטער, אַ צעפליקטער, ווינד און וויי.
צאַפּלען צווײַגן אין נעצן פון געשפּענסטער
און סיפּאַלן טרערן שטיינערנע פון זיי.

איבער מיר דאָס אויג פון אַ ציקלאָן
מיט חלומות געהאַנגענע אויף שטריק.
מיר קוקן פאַרשטאַרטע איינאַנדער זיך אָן.

to me now I'm the plucked out tongue
of a bell whose bright
ringings all remain unrung,
yearnings of nights that strain toward light
and fall at the gate of dawn.

On such a night
when one by one the stars snuff out their spark
and earthward bends a wrinkled sky,
splintered in the spin I lie.
My body
becomes a cry
upon the sea of utter dark.
On such a night
He
deserts his hideout and appears
and every
desperate call
He hears.
He hears.

מיט קלאַנגען נישט דערקלונגענע,
געלעכץ פון נעכט וואָס ציִען זיך צו ליכט ;
און פאַלן בײַם טויער פון פאַרטאָג.
אין נאַכט אַזאַ
ווען שטערן לעשן אײנציקווײַז זיך אויס
און ס׳ביוגט זיך הימל אַ צעקנייטשטער צו דער ערד,
אַ צעשפּליטערטע אין מבוכה-ווירבל איך ליג.
אַן אויסגעשריי
מײַן גוף
אויף ים פון חשכות ווערט.
אין נאַכט אַזאַ
ער
גייט פון זײַן באַהעלטעניש אַרויס
און יעדן רוף
פאַרצווייפלטן
ער הערט.
ער הערט.

2. *Within My Breast I Hear*

O Vondragor,
within my breast I hear
the steps of children—millions with burnt out eyes.
Fields, like childless mothers, grieve
within my ears.
Amid the stalks of slumber I perceive
the odors of the phosphor-bloom.
It grows;
takes root;
shoots tall.
The ground—a moldy loaf gone blue,
teeming with worms.
No longer does the Devil need the gloom
of night to set his logs ablaze with smashed guitars,
to stir his boiling cauldrons with our woes.
Like coins he melts down days.
His god's gold face
ticktocks, ticktocks, ticktocks—
and dutifully turn the pointers of the clock.

2. איך הער די טריט

אָ וואַנדראַגאָר,
איך הער די טריט אין מײַן ברוסט
פון קינדער מיליאָנען מיט אויגן אויסגעברענטע.
עס כליפּען פעלדער אין מײַן אויער,
ווי עקרות יונגע,
אין די זאַנגען פון שלאָף איך שפּיר
די דופטן פון דער פאָספאָר-בלום.
זי וואַקסט.
זי וואָרצלט זיך.
זי הויערט.
די ערד—אַ ברויט פאַרשימלטער, בלויער,
מיט ווערים אין געראָי.
ס׳דאַרף שֵד נישט מער די נאַכט,
זײַנע שײַטערס מיט גיטאַרעס צעבראָכענע צינדן,
מיט גסיסות, טעפּ זײַנע זודיקע מישן.
ווי מטבעות טעג ער צעשמעלצט.
דאָס גאָלדענע פּנים פון זײַן גאָט
טיק-טאַקט, טיק-טאַקט, טיק-טאַקט—
און ס׳דרייען זיך ווײַזערס געהאָרכזאַם אין ראָד.

3. *As to My Fathers*

O Vondragor,
as to my fathers in the burning bush
show thyself now to me!
Lift me from the quicksand generation
and bring me to the portals
of Tomorrow.
Let me take
one blade of grass
from there.
Let me borrow
one spark
of its light.
Like Lot's wife
for one glimpse I'll
gladly pay with my life.
(O Vondragor)
To my brethren I'll be able to declare
(O Vondragor)
it was worthwhile.

3. ווי צו אָבות מיינע

אָ, וואַנדראַגאָר,
ווי צו אָבות מײַנע אין ברענענדיקן דאָרן,
צו מיר אַצינד זיך באַווײַז !
הויב פון זינקזאַמד דור מיך אויף
און צום טויער מיך
פון מאָרגן-מלכות ברענג.
איין גראָז
מיר פון דאָרטן
נעמען לאָז.
איין פונק
פון ליכט זײַנס מיר אַנטלײַ.
פאַר בליק איינאײנציקן
ווי ווײַב פון לוֹט
מיט מײַן לעבן איך באַצאָל,
(אָ, וואַנדראַגאָר!)
צו מײַנע ברידער זאָגן קענען כ׳זאָל :
(אָ, וואַנדראַגאָר!)
געווען כּדאַי.

4. *Turn Me Back*

O Vondragor,
turn me back
to the quicksand ones
of my generation,
with dreams picked off like cherries,
who lug their days
like boxes
and in long dark labyrinths
seek their stolen suns.

O Vondragor,
give me the strength
to dare the blazing dirtroad,
give me a heart
that speaks as rain does
to the earth,
give me the wisdom of a tree,
to know the time for wilting
and for bloom.
Woe to the swallow that arrives too late,
woe to the bud that flowers too soon.

O Vondragor,
give me the strength
to pick myself up
after each fall.
From my grandfather—o let my eye borrow
Yesterday,
from my mother—o, Today, the hope
that her child will succeed—
o, Tomorrow!

4. קער אום צוריק מיך

אָ, וואַנדראַגאָר,
קער אום צוריק מיך
צו די זינקזאַמד גייער
פון מיַין דור,
מיט חלומות צעפּיקטע פון קאָרשונען,
וואָס טראָגן ווי קאַסטנס פּירקאַנטיקע
די טעג
און זוכן אין לאַנגע פינצטערע לאַבירינטן
די געגנבעטע זונען.

אָ, וואַנדראַגאָר,
גיב מיר כוח
אויף ברענענדיקן שליאַך צו קענען גיין,
אַ האַרץ מיר גיב
וואָס רעדט ווי רעגן
צו דער ערד,
די חכמה פון אַ בוים מיר גיב,
צו וויסן ציַיט פון וועלקן
און פון בלי.
ווי דער שוואַלב וואָס קומט צו שפּעט.
ווי דעם קנאָספּ, וואָס בלומט צו פרי.

אָ, וואַנדראַגאָר,
גיב מיר כוח
נאָך יעדן פאַלן
זיך אויפצוהויבן ווידער.
פון זיידן—אָ דער נעכטן
דאָס אויג מיר ליַי,
פון מוטער— אָ, דער היַינט,
די האָפענונג, אַז גראָטן זיַין
עס וועט איר קינד—
אָ, מאָרגן!

Song

Not to a spruced-up Christmas tree
be you compared,
with words like little lamps
aglow and fair,
with gold and silver dust
star-studded and rare.

To the desert tree, my song,
be you compared:
no leafy crown of green
nor any shade be seen,
but roots stubborn and long
to find the juices in the sand;
by birds of prey
plucked at and plundered,
by typhoons
bent, threshed, and cracked
but unsurrendered.

ליד

ניט אין יאָלקע אויסגעפּוצטער
זײַנען זאָלסטו געראָטן,
מיט ווערטער, ווי מיט לעמפּלעך
באַלויכטן און באַצירט,
מיט גאָלד און זילבער-שטויב
באַשטערנט און באַשאָטן.

דו מײַן ליד,
אין מידבר-בוים זײַן דו זאָלסט געראָטן,
ניט קיין בלעטער-קרוין אַ גרינע,
און ניט קיין שאָטן,
נאָר וואָרצלען לאַנגע, פֿאַרעקשנטע
אין מידבר-זאַמד די זאַפּטן צו געפֿינען.
פֿון רויב-פֿייגל צעגריזשעט און צעפּיקט,
פֿון טײַפֿונען—
געבויגן, געדראָשן און געבראָכן,
נאָר ניט באַזיגט.

They're Threshing Corn

They're threshing corn!
They're threshing!
Sheaf after sheaf
falls to earth.
Out run
kernels of gold,
light-drops,
drop after drop.
A secret hand
turns them on
and off.
I mourn
every spark
that is gone
in the dark,
every stalk
shorn
from its root.

מען דרעשט דאָס קאָרן

מען דרעשט דאָס קאָרן !
מען דרעשט !
סנאָפּ נאָך סנאָפּ,
פֿאַלן צו דער ערד.
קערנער גאָלדענע —
ליכט-טראָפּנס
רינען אויס,
טראָפּ נאָך טראָפּ.
אַ האַנט געהיימע
צעצינדט זיי
און פֿאַרלעשט.
טוט מיר באַנג
פֿאַר יעדן פֿונק
וואָס ווערט אין נאַכט
פֿאַרלאָרן,
פֿאַר יעדער זאַנג
פֿון וואָרצל אָפּגעשאָרן.

I Write Your Name

As Marranos their God,
under my lashes
I hide love's flame.
At the white rim of the desert
on the sails of sunrise
I write your name.

איך שרײַב דײַן נאָמען

ווי מאַראַנען זייער גאָט,
מײַן ליבע אונטער וויִעס
אַ באַהאַלטענע איך טראָג.
בײַם ווײַסן מידבר-ראַנד
איך שרײַב דײַן נאָמען אויס
אויף די זעגלען פון פאַרטאָג.

Beyond All Speech

Beyond all speech, beloved,
I hold your silence dear.
In the hush
it is your heart I hear.
I swim across all borders, ripening
into your shadow.
Your figure is a wave of blue,
and through me goes your glance, as through
a forest goes the spring.

פון אַלע רייד

פון אַלע רייד מײַן ליבער,
דײַן שווײַגן איך באַגער.
אין דער שטיל, דאָס האַרץ
דײַנס הער איך.
אַלע גרענעצן איך שווים אַריבער
און דײַן שאָטן ווער איך.
אַ כוואַליע בלוי דײַן געשטאַלט
און ס׳גייט דײַן בליק אין מיר אַרום
ווי דער פרילינג אין אַ וואַלד.

Let's Be Silent

Do not say a word now.
Words should not be heard now.
Everything's been said and done.
Only look at me, as dumb
as floodtide rising 'round the shore
with all the secrets on its floor,
wearied of the ebb and flow.
Like cliffs let us be silent now,
cliffs that take the waves' commotion.
Shores are stronger than the ocean.

לאַמיר שווײַגן

זאָג אַצינד מיר גאָרנישט.
ריידן איצט מען טאָר נישט.
שוין אַלץ געזאָגט. אַלץ געטאָן.
קוק מיך שווײַגנדיק בלויז אָן
ווי ים דעם ברעג אין צופלוס שעה,
מיט אַלע סודות אויפן דנאָ,
מיך פון פאַלן און פון שטײַגן.
לאָמיר איצט ווי סקאַלעס שווײַגן,
ווען ס׳גייען וועלן אים אַנטקעגן,
שטאַרקער פון ים זײַנען די ברעגן.

Estrangement

In two separate trains
on rails of years,
downhill and up
on parallel tracks, alongside
we ride.
We speak through panes,
wave,
call out to each other,
and do not hear.
At unknown depots,
on dismal platforms,
for moments we stop,
eye one another forlornly,
and part
to ride again.
Red signals. Green.
Stations of seasons.
We ride.
Don't know where from,
don't know where to.
We ourselves are the dismal depots.
We ourselves are the closed, running trains.

פרעמדקײַט

אין באַנען באַזונדערע צוויי
אויף רעלסן פון יאָרן,
באַרג אַרויף. באַרג אַראָפּ.
פּאַראַלעל, איינער נעבן צווייטן
מיר פֿאָרן.
מיר ריידן דורך שויבן.
פּאָכען די הענט,
רופן זיך איבער,
און הערן זיך נישט.
אויף פרעמדע וואָקזאַלן,
אויף טריבע פעראָנען
מיר שטעלן אויף רגעס זיך אָפּ
קוקן פֿאַרלאָרן זיך אָן
און שיידן זיך,
ווידער צו פֿאָרן.
רויטע סיגנאַלן. גרינע סיגנאַלן.
סטאַנציעס פון סעזאָנען.
מיר פֿאָרן.
ווייסן נישט פון וואַנען.
ווייסן נישט וווהין.
מיר זײַנען אַליין די טריבע וואָקזאַלן.
מיר זײַנען אַליין די פאַרמאַכטע, לויפנדיקע באַנען.

We Fly

Like lovers
    over the roofs
        of Chagall
            we fly.
On my
    wings
        I carry you
far
    and
        high.
Already
    I hear
        the singing
            of stars.
What reaches
    you
        is the jackals'
            cry.
The nearer
    we two
        approach
            the sky,
the lower
    we plummet,
        you and
            I.

מיר פליִען

ווי פֿאַרליבטע
איבער דעכער
בײַ שאַגאַלן
מיר פליִען.
אויף מײַנע
פליגל דיך
איך טראָג
העכער
אַלץ
און
העכער.
איך הער
דאָס געזאַנג
שוין פון שטערן,
און דו
נאָר געוואָי
פון שאַקאַלן.
וואָס נענטער
צום הימל
מיר ווערן,
אַלץ
טיפער
און
טיפער
מיר
פאַלן.

Your Gaze

Your gaze—a guest in my eyes.
He leaps unexpectedly in
like a robber into a house ablaze
and pulls
his own scorched portrait
from the place.

דײַן בליק

דײַן בליק— אַ גאַסט אין מײַנע אויגן,
אומדערוואַרט ער שפּרינגט אַהין אַרײַן
ווי אַ רויבער אין אַ ברענענדיקן הויז
און טראָגט פון דאָרט
זײַן אייגענעם פּאָרטרעט
אַ פֿאַשׂרפֿעטן אַרויס.

Thanks to My Foe

Once at the sea
I saw a woman drown.
She'd gone to sleep on the sand.
A wave
rinsed the shore,
left a foamy circle, and withdrew.
A strip of yellow hair.
A pale wave of the hand
like the falling of a star
I recall.
A high wall of blue.
A white water-mouth
gulped a woman down.
It took no more
than a split-second. A circle: rosy, round.
And I've been drowning for so many years
and still I don't go under.
If somebody should wonder:
"How've you managed
to outwit the deep?"
I don't exactly know.
All I can say
is: No thanks to my friends,
but to my foes --
it's they that haven't let me fall asleep.

די שׂונאים אַ דאַנק

איך האָב געזען אַמאָל אַ פרוי
בײַם ים, דערטרינקען ווערן.
אײַנגעשלאָפן ז׳איז אויף זאַמד.
אַ כוואַליע געטאָן דעם ברעג
עס האָט אַ שווענק,
אַ קרײַז אַ שוימיקן געלאָזן און אַוועק.
אַ פּאַסמע בלאָנדע האָר.
אַ האַנט-געפּאָך, אַ בלייכן,
ווי דאָס פאַלן פון אַ שטערן
איך געדענק.
אַ הויכע וואַנט מיט בלוי.
אַ ווײַסע וואַסער-מויל
אַראָפּגעשלונגען האָט אַ פרוי.
געדויערט ס׳האָט אַ רגע נאָר.
אַן אויגנבליק. אַ קרײַז אַ ראָזעווער, אַ רונדער.
און איך טרינק זיך שוין אַזוי פיל יאָר
און גיי נאָך אַלץ נישט אונטער.
אויב פרעגן ווער מיר זאָל:
״ווי אַזוי דער כוואַליע—
אָפּגענאַרט דו האָסט איר?״
ווייס איך נישט גענוי.
זאָגן נאָר איך קען אים,
נישט די פרײַנד—אַ דאַנק,
נאָר די שׂונאים—
אײַנשלאָפן זיי האָבן נישט געלאָזט מיר.

At the Gateway of the Days (1979)

At the Gateway of the Days

At the gateway of the days
after midnight
I hear the roar
of cranes,
steel pipes
and turbines,
the cries
of slaughtered
earth.

From ash and coal—
they sow
the boiling waters
from which may rise
fruit
of stone,
and everywhere
white
mushrooms
of annihilation
may grow.

When the fields' creation
runs
like wine
from broken vessels,
I hear
the coming of young years
that do not want to die.

בײַם טויער פון מעת-לעתן

בײַם טויער פון מעת-לעתן,
נאָך האַלבער נאַכט,
איך הער
פון רידלען,
רערן שטאָלענע
און טורבינען
דאָס געברום,
פון ערד
געשאָכטענער
דאָס געוויין.

פון אַש און קויל—
די זאָטן
מען זייט,
אויפגיין זאָלן
פּירות
פון שטיין.
די שוואָם,
די ווײַסע,
פון פאַרניכט
וואַקסן זאָל
אומעטום.

ווען יצירה פון פעלדער,
ווי ווײַן
פון לאָגלען צעשפּאָלטענע
רינט,
איך הער די טריט
פון יאָרן יונגע
וואָס ווילן נישט שטאַרבן.

Like myriads of white doves
they fly
from graves
and beat
against the panes
with their beaks.

ווי מחנות ווײַסע טויבן,
פֿון קברים
זיי פֿליִען אַרויס
און שלאָגן מיט שנאָבלען אין שויבן.

Yiddish Poems

Poems, Yiddish poems mine,
children of exploded suns,
flame-flowers on the twigs
of arctic snows;
in the polar nights of my generation
they drum
with mysterious pulsations
in the everlasting heart
of Time.

Poems mine,
iridescent rays,
roll themselves into balls
in dusk's horizons,
and with all the quivering colors of the sky
ignite and blaze
like stars before they die.

לידער ייִדישע

לידער מײַנע, ייִדישע—
קינדער פון זונען צעפּלאַצטע.
פּײַער-בלומען אויף די צווײַגן
פון וויוגעס אַרקטישע,
אין די פּאָלאַר-נעכט פון מײַן דור
מיט פולסן געהיימע
זיי שלאָגן
אין האַרץ, דאָס אייביקע
פון צײַט.

לידער מײַנע,
שטראַלן מיניענדיקע,
אין האָריזאָנטן פון שקיעות
אין קנוילן זיך וויקלען
און מיט אַלע צאַפּלדיקע פאַרבן
צינדן זיך און לײַכטן,
ווי שטערן פאַרן שטאַרבן.

Night on the Stage

The great hall
in my memory
has cleared.
Night—
the players
have all
disappeared,
taking along
hate,
love.
What remains in the heart
is the dark
aching
of a song.

נאַכט אויף דער בינע

שוין ליידיק געוואָרן
דער זאַל
אין זכּרון.
נאַכט—
אויף דער בינע
אַוועק
די אַקטיאָרן
מיטגענומען
די שׂנאה.
די ליבע.
אין האַרץ איז געבליבן
דאָס נאָגן
טריבע
פון ניגון.

In an Ark

Come, loneliness,
let us be a pair, we two,
a couple, I and you,
in accordance with this age,—
in an ark with thick
walls of glass;
let us not speak
but just swim on
peering through
the pane to seek
the dove that holds
a green branch in its beak.

You shall receive
your rightful gift:
my dowry
of white woolen weave,—
the words
of pain and woe.
Like birds
perched row by row
I'll gather them with care
and send them where
alone I could not know
the way to go.

אין אַ תּיבה

קום, עלנט,
לאָמיר ביידע זײַן אַ פּאָר,
איך און דו אין צווייען
לויטן נוסח פון מײַן דור,—
אין אַ תּיבה מיט גראָבע
גלעזערנע ווענט
אויף די טײַכן פון צײַט,
לאָמיר שווײַגנדיק שווימען,
קוקן דורך דער שויב
און וואַרטן
אויפן צווײַגל גרינעם
אין מויל פון דער טויב.

אַ געלײַטערטע,
אַ רײַפע, דײַן באַשערטע,
נדן דיר איך ברענג
פון ווײַסן וואָלענעם געוועב,—
די ווערטער
פון ווינד און וויי.
ווי פייגל אין שורות
אויסשטעלן וועל איך זיי
און שיקן דאָרט אַהין,
וווּ דערגיין
נישט געקענט איך האָב אַליין.

The Well

A well was once
located there,
protected
from the desert's glare.
No one ventured
on its path.
Within it only the moon
was reflected
and the sun at noon
came for a bath.
The way was known
to one alone:
he came, he threw
stone after stone,
and the well was buried soon.

דער ברונעם

ס׳איז אַ ברונעם דאָרט
געווען אַמאָל.
פון מידבר-אויג
פאַרהוילן און פארזיגלט.
דעם וועג אַהין באַטראָטן
עס האָט קיינער.
ס׳האָט לבנה נאָר
ביינאַכט זיך דאָרט געשפּיגלט
און די זון בייטאָג געבאָדן
ס׳האָט איינער נאָר
דעם וועג צו אים געוווּסט.
געקומען,
אַרײַנגעוואָרפן שטיינער,
און דעם ברונעם
פאַרשאָטן אין ברוסט.

Roses for My Mother

Mother mine,
you never laughed.
One time
I brought
roses
on your birthday
because I thought
the gift
might make you smile.
But like a child
you wept instead.
Your tear
follows me everywhere.
Even now I hear,
I still hear how you said:
"What good, my child,
is a red
rose
in a basement home that's bare?"

רויזן פֿאַר מײַן מאַמען

האָסט, מאַמע מײַנע,
קיין מאָל נישט געלאַכט.
כ׳האָב אַמאָל,
צו דײַן געבורטסטאָג,
רויזן
דיר געבראַכט,
אַ שמייכל
אויף דײַן פּנים
פֿאַרזייען
געמיינט.
נאָר דו האָסט ווי אַ קינד
זיך גאָר צעוויינט.
דײַן טרער
מיך אומעטוס באַגלייט.
איך הער נאָך אַלץ,
איך הער דײַנע רייד :—
״וואָס טויג, מײַן קינד,
אַ רויטע רויז
אין אַ פּוסטער קעלער-הויז?״

Before Dawn (1985)

Whirlwinds

In autumn, when the earth
yearns wearily for rest
and prepares
for the great silence, when stripped bare
she puts on coverlets
of leaves and says goodbye
to everything around,
whirlwinds like wolves
lower themselves
from on high,
pounce on summer's last traces
and gobble them down.
On winter's behalf they pry
open the gates,
with long fingers of hail
perform
the first snowstorm cantatas,
and vanish
there where the blue belt of Saturn
whirls in his infinite dance
and the child of destruction is born.
There
in Time's labyrinthine glooms
on secret looms
they weave anew
the dream of winds.

ווירבל־ווינטן

אין האַרבסט, ווען די ערד נאָך רו
אַ מידע בענקט
און צום שוויַיגן גרויסן זיך גרייט,
ווען מיט בלאַט־טוכן אויסגעפליקטע
זי דעקט אַ נאַקעטע זיך צו
און מיט אַלץ אַרום זיך געזעגנט און צעשיידט,
ווירבל־ווינטן נידערן פון הייכן אַרונטער
ווי וועלף, פון זומער די לעצטע,
פאַרבליבענע שפורן באַפאַלן
און מיט הונגער צעגריזשען און צעפליקן.
פאַרן ווינטער
די טויערן זיי צעפראַלן
און מיט פינגער האָגלדיקע, לאַנגע,
די ערשטע וויוגע־קאַנטאַטעס
זיי צעשפילן
און פאַרשווינדן
דאָרט אַהין,
ווו גאַרטל דער בלויער פון סאַטורן
אין טאַנץ זיַין אֵין־סופיקן זיך דרייט
און געבורט דאָס קינד איז פון פאַרניכט.
דאָרט,
אין די צייַט־לאַבירינטן
פאַרבאָרגענע,
אויף די וועבּ־שטולן געהיימע,
דעם חלום פון ווינטן
זיי שפּינען אויפסניַי.

The Monsoon Winds

From lofty ranges
wrapped in mists
the monsoon winds
leap roaring forth
through mountain passes
like hordes of wild buffalo hoofs.
They seize
and devour all in their path --
smash streams like pitchers,
lop trees
like wheatstalks in the fields,
howl at roofs
like coyotes in the desert,
hurl a saucy laughter
like stones
through window-panes.
A-freeze,
petrified,
the earth twists
in fright,
and like a mother bemoans
her young.
Even the morning sun
hides from the monsoon winds
and before them proud cypresses
fall to their knees.

די מאָצסון-ווינטן

פון באַרגקייטן משופּעדיקע,
אין נעפּלען פאַרהילטע,
שפּרינגען די מאָנסון-ווינטן
צעברומטע אַרויס,
ווי האָרדעס בופלאָקסן ווילדע
פון שטײַגן צעשפּאַרטע,
אַלץ אויפן וועג זיי באַפּאַלן
און פאַרצוקן.
טײַכן ווי קרוגן זיי ברעכן,
ביימער, ווי זאַנגען,
אויף פעלדער זיי שנײַדן,
וואָיען אויף דעכער,
ווי אין מדבר קאַיאָטן;
שלײַדערן, ווי שטיינער,
אַ געלעכטער פאַרשײַטן
אין שויבן אַרײַן.
פאַרשטאַרט,
פאַרשטיינט
קאָרטשעט די ערד
פון פּחד זיך אײַן
און ווי אַ מאַמע
אירע קינדער
באַוויינט.
פאַר די מאָנסון-ווינטן
באַהאַלט זיך אַפילו
די זון אינדערפרי
און ציפּריסן שטאָלצע
זיך שטעלן
פאַר זיי אויף די קני.

It's Little I Want

It's little I want—
the smile of a child
can be my roof,
a human heart
my tent,
and a mother—world enough.

Should I be destined
to meet my dream,
may I not be blinded
by its gleam.

When I must pay
my life's
last fee,
I want the knife
aimed at my heart
to be sharp
and not play
with me.

איך וויל נישט קיין סך

איך וויל נישט קיין סך—
דער שמייכל פֿון אַ קינד
זײַן זאָל מײַן דאַך.
דאָס האַרץ פֿון מענטש—
מײַן געצעלט
און אַ מאַמע—די וועלט.

אויב טרעפֿן דעם חלום
באַשערט מיר אַמאָל,
פֿון ליכט, זײַן גרויסן,
בלינד נישט ווערן איך זאָל.

ווען חוב דעם לעצטן
באַצאָלן איך דאַרף,
איך וויל, דאָס מעסער
וואָס וועט אין מיר צילן,
זײַן זאָל שאַרף
און מיט מיר זיך נישט שפּילן.

The Spider

Day and night,
forever
out of sight,
the spider—
skilled
and clever—
thread-thin
draws
from her own self,
to weave
magnificent patterns,
knit,
bind,
knot,
and spin—
a web,
sure of her craft
and deft,
to fool
her victim in.

די שפּין

טאָג און נאַכט
אין באַהעלטעניש
פּאַרטאַיעט,
די שפּין—
פלינק
און געניט
פעדים-דין
פון זיך אַליין
זי ציט
און אוזאָרן הערלעכע
וועבט,
שטריקט,
בינדט,
פלעכט,
קנופּט
און שפּינט
אַ נעץ,
קונציק
און דערפאַרן—
איר קרבן
אַרייַנצונאַרן.

It's Enough

It's enough,
if one fly
falls into
your cup,
for the wine's whole flavor
to shrivel up,
for you to sense
in every drop
its shadow again
upon your lip.

It's enough,
if one fly
swims
into view
on a day
when the sky
is bright and blue,
to hide the sun
away
from you.

ס׳איז גענוג

ס׳איז גענוג
איין פליג
אין דײַן קרוג
מיט ווײַן
אַרײַנצופאַלן,
דעם טעם
פון ווײַן דעם גאַנצן
צו פאַרלירן.
אין יעדן טראָפּ
אויף ליפּן דײַנע,
דעם שאָטן אירן
ווידער צו דערשפּירן.

ס׳איז גענוג
איין פליג
אַרומצושווימען
אין דײַן בליק,
אין אַ טאָג
אַ לויטערן,
אַ העלן,
די זון
דיר
צו פאַרשטעלן.

A Summer Night In The City

A summer night,
with eyes as black as pitch,
looks into my heart.
A smell of lilies of the valley,
mimosa, and crime
is in the air.
A hot, sandy eastwind
with tongues of flame
licks my body and my face.
A star explodes somewhere,
and at this very time
on some lane out there
a murder is taking place.

Somewhere someone awaits
a drop of grace.
And terror,
like a serpent on its belly,
creeps
over the streets.

אַ זומער-נאַכט אין שטאָט

אַ זומער-נאַכט,
מיט אויגן שוואַרצע ווי פּעך,
קוקט אין האַרצן מיר אַרײַן.
עס שמעקט מיט לאַנדיש,
מימאָזע
און פֿאַרברעך.
אַ הייסער, זאַמדיקער חמסין
מיט פֿײַער-צונגען
דאָס לײַב מײַנס לעקט.
ערגעץ ווו אַ שטערן פּלאַצט,
ערגעץ אויף אַ געסל דאָרט,
אַצינד,
באַגאַנגען ווערט אַ מאָרד.

ערגעץ ווו אויף אַ טראָפּן גנאָד
מען וואַרט.
און די שרעק
איבער גאַסן פֿון דער שטאָט
ווי אַ שלאַנג אויפֿן בויך
זיך שאַרט.

Red Buds on the Snow

Snow and snow and snow—
a field in bloom.
Frost,
gloom,
and drift.
Death blossomed here
today, and left
red buds
on the snow.

Snow and snow and snow—
for miles around
that's all the eye beholds.
A field
amid the world.

A grave that holds
my seven brothers.
Blackboot steps
from Düsseldorf
and Munich
stopped
before the gate
of a death-factory.
Seven willows
with hearts
shot through,
as if they too
were each a Jew.

(Maidanek, 1947)

רויטע קנאָספּן אויפֿן שניי

שניי און שניי און שניי—
אַ פֿעלד אין צוויט.
פֿראָסט,
קעלט
און זאַוויי.
ס׳האָט דער טויט
דאָ היינט געבליט.
קנאָספּן רויט
אין שניי געלאָזט.

שניי און שניי און שניי—
מיילן ווייט
דאָס אויג נאָר זעט.
אַ פֿעלד
אינמיטן וועלט.

אַ גרוב
מיט ברידער מיינע זיבן.
שוואַרצע שטיוול-טריט
פֿון דיסלדאָרף
און מינכען,
ביים טויער
פֿון אַ טויט-פֿאַבריק
געבליבן.
אַנטקעגן,
ווערבעס זיבן,
מיט הערצער
פֿון קוילן דורכגעשניטן,
ווי אויך זיי
געוועז וואָלטן יידן.

מאַידאַנעק, 1947

A Stranger

On the wanderer's track
strangers who meet
empty a flask together,
break bread and eat;
like roses their hearts unfold,
and they tell each other
all that can be told.
The stranger becomes
no more strange, in fact,
than the very own
shirt on one's back.

But he alongside whom you tread
a long, long way,
slices the days and nights
with you, like bread,
drinks from the same cup
the griefs, the delights;
but his heart—
a cage sealed up,
a box
bound fast
with seven locks,
will be a stranger
to the last.

אַ פרעמדער

ווען מיט אַ פרעמדן,
אויף וועגן אין געוואַנדער,
וואַסער פון איין פלאַש
מען טרינקט,
מיטן ברויט זיך מען טיילט,
עפענען ווי רויזן זיך די הערצער,
און אַלץ זיך איינאַנדער
מען דערציילט,
ווערט דער פרעמדער
מער נישט פרעמד,
ווי אויף לײַב
דאָס אייגן העמד.

נאָר דער וואָס מיט דיר בײַנאַנד
דעם וועג, אַ לאַנגן, גייט,
טעג און נעכט,
ווי ברויט מיט דיר ער שנײַדט,
די פּײַן, די פרייד,
פון כּוס דעם זעלבן טרינקט,
נאָר דאָס האַרץ—
אַ שטײַגל אַ פאַרשפּאַרטס
מיט שלעסער זיבן
פאַרזיגלטע, פאַרקלעמטע,
ביזן סוף
דיר בלײַבן וועט אַ פרעמדער.

What Good?

What good is a fiddle to you,
what good,
from the Tree
of Paradise even,
that remembers
the exquisite tunes
of summer nights
when the amaryllis
blooms,
and for a melody
your heart
would gladly be given.

What good is a fiddle to you,
what good,
removed from its case,
the strings all strung,
prepared
to lay bare
what it long
kept secret,
but you
cannot play it?

וואָס טויג

וואָס טויג אַ פידל דיר,
וואָס טויג,
פון גן-עדן בוים
אַפילו,
וואָס געדענקט
די זמרס זעלטענע
פון זומער-נעכט,
ווען עס בליט
די אַמאַרילע,
און פאַר אַ ניגון,
דאָס האַרץ דײַנס,
וואָלסט געשענקט.

וואָס טויג אַ פידל דיר,
וואָס טויג,
אויסגעטאָן פון שייד,
די סטרונעס אָנגעצויגן,
גרייט—
אַלע סודות דיר
אַנטהילן,
נאָר דו קאָנסט
אויף אים
נישט שפּילן.

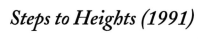

Steps to Heights (1991)

196

Come

(for Hershel with love)

Come my dear,
come.
Let us go. Let us go
everywhere
as we used to,
still a pair,
over street, over square,
in the silent hour of night,
with delight
that we still are here.

Come my dear,
come.
Hold me in your arms, hold me.
Let me hear
once again the things you told me;
let me once again rejoice
in the voice
that enthralled me.
Have no care
of the young and old
passing by.
No one else can see your face
anyhow.
Only I
behold you now.
Only I.

קום

הערשלען אין ליבשאַפֿט

קום מײַן ליבער,
קום.
לאָמיר גיין. לאָמיר גיין
ווי אַמאָל
אין צווייען
איבער גאַסן און סקווערן
פֿון דער שטאָט
אין שטומער באַנאַכטיקער שעה
און זיך פֿרייען
וואָס מיר זענען נאָך דאָ.

קום מײַן ליבער,
קום.
נעם אַרום מיך, נעם אַרום,
לאָמיך הערן די רייד
און דײַן קול
וואָס פֿאַרשיכּורט
עס האָט מיך אַמאָל.
נישט שעם זיך מער
פֿאַר גרויס און קליין
וואָס גייען דאָ פֿאַרבײַ,
דיך זעט שוין קיינער
מער נישט סײַוויסײַ,
בלויז איך אַליין.
איך אַליין.

Come my darling, come.
Hold me tight, more tight in your embrace.
There's no death, no death.
I have shorn away his shadow,
and we take the path
from street to street
we took so often.
I alone,
my love, my own,
am now your coffin.

קום מײַן ליבער, קום.
נעם שטאַרקער, שטאַרקער מיך אַרום.
נישטאָ קיין טויט. נישטאָ.
זײַן שאָטן
איך האָב אָפּגעשוירן
און גיי מיט דיר בײַנאַנד
פון גאַס צו גאַס אַריבער.
דײַן אָרון
איך בין אַליין אַצינד,
מײַן ליבער.

The Human Being

As mother every morning gave
her murmured "Moideh Ani,"
like her I stand
before the day's first wave
of blue, and for the bread
upon my table, for the roof
over my head,
the human being, that most grand
of miracles on earth
who does not yet begin to understand
his worth—
I give thanks.

Early every day, I lift
my praise unto the plum-tree in my orchard
for the fruit that are its gift;
the sun, torn in the fires
of its own noon,
who grants to each and all the boon
of life; and—greater than
whatever else is burgeoning and blooming—
my fellow man,
who's fought in freedom's ranks
so I could proudly bear the name of human,
I give thanks.

דעם מענטש

ווי מײַן מאַמע, יעדן אינדערפרי
מורמלען פלעגט איר „מודה-אני",
אַנטקעגן ערשטער כוואַליע בלוי
איך שטיי, ווי זי
און פאַרן ברויט אויף מײַן טיש,
פאַרן דאַך אויף מײַן קאָפּ
דעם מענטש — דעם ווונדער,
דעם גרעסטן אויף דער ערד,
וואָס ווייסט אַליין
נאָך נישט זײַן ווערט, —
איך בענטש.

יעדן אינדערפרי
דעם פלוימען-בוים אין מײַן סאָד
איך דאַנק, פאַר די פּירות וואָס ער גיט;
די זון, וואָס אין פײַערן
אַליין צעריסן ווערט
און לעבן פאַר יעדן איינעם איז איר געשאַנק,
און מער פון אַלץ
וואָס וואַקסט און בליט —
דעם מענטש
וואָס האָט פאַר פרײַהייט זיך געשלאָגן,
שטאָלץ דעם נאָמען מענטש
קאָנען זאָל איך טראָגן, —
איך בענטש.

All Wish for Love

All things think and dream;
a melody and a secret,
a memory and an aim,
engraved
from age to age—
all things yearn and crave;
all wish for love.

All that is and will be;
a dewdrop on a stalk,
a leaf upon a tree,
a blade of grass, a shoot
that barely pushes free
from earth
and stretches silently
toward the bright rays above—
all wish for love.

A wind, a hail, a rain
that hammer at your pane,
wearied from too much roving—
a tender butterfly,
a caterpillar moving
mutely on its path,
a cobble on some lane—
even Death
has need for loving.

אַלץ וויל זײַן געליבט

אַלץ טרוימט און דענקט.
אַ ניגון און אַ סוד,
אַ זכּרון און אַ ציל
אײַנגעקריצט אין זאָט
פֿון דור צו דור,
אַלץ לעכצט. בענקט
און געליבט זײַן וויל.

אַלץ וואָס איז און ווערט,
אַ טוי-טראָפּן אויף שטאַנג,
אַ בלאַט אויף אַ בוים,
אַ גרעזל אַ דינס, אַ זאַנג
פֿון דער ערד
אַרויסגעשפּאַרט זיך קוים,
און אינדערשטיל
ציט צו דער זון זיך שוין,—
געליבט זײַן וויל.

אַ רעגן. אַ ווינט. אַ האָגל
וואָס קלאַפּן אין דײַן שויב,
מידע פֿון געוואָגל,
אַ שמעטערלינג אַ צאַרטער,
אַ שטומער, קריכיקער שניל,
אַ שטיין אין ברוק אַ האַרטער,
דער טויט אַפֿילו
געליבט זײַן וויל.

The Scream

All around—no sound.
The moon's asleep upon the floor.
The clock has died.
The cricket
grates inside
the walls.
No more
does the parrot mutter
in its cage.
Fireflies
in a web of light
tangled and twisted
wheel about and flutter.
Silent is the night.
Only the silence
climbs.
All at once a scream.
Who clamors so
in night's most quiet time?
Can woe
itself be shrieking
when even sleep
is sleeping,
even the wind,
the dream?

דער געשריי

אַלץ אַרום— שטום.
עס שלאָפט די לבנה אויפן דיל.
דער זייגער אָפּגעשטעלט.
עס גרילצט
אין ווענט פאַרמויערטע
דער גריל.
דער פּאַפּוגיי אין שטײַג
רעדט נישט מער
צו זיך אַליין.
פֿײַער-פֿליגן נאָר
אין ליכט-געוועב
פֿאַרפּלאָנטערט און פֿאַרדרייט
פֿלאַטערן אין אַ ראָד.
און די נאַכט שווײַגט,
בלויז די שטילקייט
שטײַגט.
מיטאַמאָל אַ געשריי.
ווער שרײַט אַזוי
אינמיטן נאַכט?
שרײַט די עלנט אַצינד,
ווען עס שלאָפט
דער שלאָף אַפילו;
דער חלום
און דערווינט?

In the Graveyard of Time

In the graveyard of Time
no markers.
On the graves of years
no grass,
no flowers.
Time moves with secret steps
and creeping fires.
All who pass
she rips,
devours.
With the ash
of one, she feeds
the roots of another.
In her round of bolted rounds
we are the chips
and the pyre.
We carry the wounds
of her blind, eternal burning.
We are consumed
and born anew, returning
to re-ignite the fires.

אויפֿן בית-עולם פֿון צײַט

אויפֿן בית-עולם פֿון צײַט
נישטאָ קיין מצבֿות.
אויף די קבֿרים פֿון יאָרן —
נישטאָ קיין גראָז.
קיין קווייט.
די צײַט, מיט טריט געהיימע
און מיט פֿײַערן לאַנגזאַמע גייט.
אַלץ אויפֿן וועג
זי פֿאַרצוקט און פֿאַרצערט.
מיטן אַש פֿון איינעם
די וואָרצלען פֿון צווייטן
זי נערט.
אין קרײַז איר פֿאַרשלאָסענעם רונדן,
מיר זענען די שפּענער
און דער שײַטער.
פֿון פֿלאַם איר אֵין-סופֿיקן, בלינדן,
מיר טראָגן די וווּנדן,
מיר ווערן פֿאַרברענט
און געבאָרן אַפּסנײַ,
די פֿײַערן ווידער צו צינדן.

Martyrs

At night the martyrs grow
up to the skies
and set the stars aglow.
Barefoot they quietly go
that none may see,
that none may hear.
In shadows long and broad
veiled and disguised
in rain, in snow
from age to age
around the world they range
returning to the places
which once they signed
with blood,
wipe off the dust of time,
softly speak words that died long ago
that none of the living know,
look into overgrown graves,
shear the sleep
and cut the grasses of woe.

At night the martyrs grow
up to the skies,
set the stars aglow
and become lighthouses
for those who don't know where to go.

מאַרטירער

מאַרטירער וואַקסן אין די נעכט
ביז צו די הימלען
און צינדן אָן די שטערן
מיט ווייכן, באָרוועסן גאַנג,
קיינער זאָל נישט זען.
קיינער זאָל נישט הערן.
אין שאָטנס ברייט און לאַנג
פאַרשלייערט און פאַרשטעלט
אין רעגנס, אין שנייען,
פון דור צו דור
זיי גייען אַרום אויף דער וועלט,
קומען צוריק צו די ערטער
וואָס מיט בלוט
געחתמעט זיי האָבן אַמאָל.
ווישן אַראָפּ דעם שטויב פון צײַט
און מורמלען געשטאָרבענע ווערטער,
וואָס קיינער ווייסט נישט דעם באַטײַט.
קוקן אין גריבער באַוואַקסענע אַרײַן.
דעם שלאָף זיי צעשערן
און שנײַדן די גראָזן פון פּײַן.

מאַרטירער וואַקסן אין די נעכט
ביז צו די הימלען.
צינדן אָן די שטערן,
און לײַכט-טורעמס
פאַר גייערס פאַרבלאָנדזשעטע זיי ווערן.

About the Author

Dora Teitelboim (1914-1992), daughter of a house painter, was born in Brest-Litovsk, Poland, in 1914. By the age of twelve she was writing verse. In 1932, she left home for the United States, where she worked several years as a milliner while going to school at night. She became active in both the labor movement and in progressive Jewish cultural circles. She also began teaching briefly in Yiddish schools. In 1940, she wrote for the *Morning Freiheit, Yiddishe Kultur,* and *Nei-Lebn.* Her poems began to appear in periodicals across the world. Her first volume, *At the Heart of the World,* was published by the New York *YKUF* in 1944. *Heaven and Earth* followed four years later. The Argentine *YKUF* issued *With Open Eyes* in 1955. *Facing Life* (1952) and *The Ballad of Little Rock* (1959) were published in Paris, to which she moved in 1960. *Toward Being Human* appeared in Warsaw five years later. For many years she divided her residence between France and Israel, and was in Tel Aviv when her later collections appeared, including *Song of the Quicksand Generation* (1973), *At the Gateway of the Days* (1979), *Before Dawn* (1985) and *Steps to Heights* (1991). Several of her collections were translated into French by Charles Dobzynski and Ratimir Pavlovic. Additionally, her poetry has been translated into Hebrew, Russian, Vietnamese, Chinese and Polish. She died in Tel Aviv in July, 1992.

About the Editor/Translator

Aaron Kramer first gained national prominence with *Seven Poets in Search of an Answer*, 1944 and *The Poetry and Prose of Heinrich Heine*, 1948. He was a leading resistance poet throughout the McCarthy era, with such texts for music as *Denmark Vesey* and such volumes as *Roll the Forbidden Drums!* In 1958, he collaborated with a dozen artists on *The Tune of Calliope: Poems and Drawings of New York*. Professor of English at Dowling College since 1961, and founding coeditor of *West Hills Review: A Whitman Journal*, he has produced such scholarly works as *The Prophetic Tradition in American Poetry*, 1968, and *Melville's Poetry: Toward the Enlarged Heart*, 1972. The same year he edited the Macmillan anthology, *On Freedom's Side: American Poets of Protest*. Equally noted as a translator, Kramer produced *Rilke: Visions of Christ* in 1967 and an English version of *The Emperor of Atlantis* in 1975; this work, created in the death-camp of Terezin, was premiered by the San Francisco Opera in 1977 and has subsequently been performed in many countries, most recently at Philadelphia's Curtis Institute. In 1989, 370 of his translations from the work of 135 Yiddish poets appeared in a widely praised anthology, *A Century of Yiddish Poetry*, also edited by Dr. Kramer. The most recent collections of his own poems are *Carousel Parkway*, 1980, two 1983 volumes, *The Burning Bush* and *In Wicked Times*, and *Indigo and Other Poems*, 1991. Kramer has been a popular public reader on both coasts for decades; over 80 of his radio broadcasts are archived, and he has recorded for Folkways Records as well as for the Library of Congress. He received his PhD from New York University.

About the Illustrator

Stan Kaplan has earned degrees from Cooper Union and Pratt Institute and has been an active artist for 45 years. His efforts have been divided between carved wood plank murals, printmaking and Artists Books.

Kaplan's prints have been exhibited extensively both abroad and in this country, receiving numerous awards and included in collections owned by the Philadelphia Museum of Art, Columbia and Hofstra Universities and many others. Dell Books, Sports Illustrated, A.A.A. Gallery and others have commissioned him to do special prints or limited editions.

In 1978, he created Tortoise Press and organized his prints into traveling exhibits with catalogs and Artists Books. Museums, art centers, university and library galleries in Wisconsin, South Dakota, New York, Louisiana and Wyoming have successfully scheduled these exhibits.

His wood carved mural commissions have been created for I.B.M., I.T.T., Wallace Labs, Pellon Corp., and numerous private collections. He has written for American Artists magazine on this subject.

Past president of the Society of American Graphic Artists, he is also Professor of Art at Nassau Community College in Garden City, New York.